Christa Randzio-Plath

Frauenrechte sind Menschenrechte – weltweit

Alte Gefahren, neue Herausforderungen

Die Autorin

Christa Randzio-Plath, Prof. Dr. h. c., ist Juristin und Autorin. Sie ist Vorsitzende des Marie-Schlei-Vereins (Hilfe für Frauen in Afrika, Asien und Lateinamerika), war Abgeordnete in der Hamburgischen Bürgerschaft und im Europäischen Parlament. Sie war langjährige Vorsitzende verschiedener Frauenorganisationen und ist heute unter anderem Ehrenvorsitzende des Landesfrauenrates Hamburg. Sie setzte sich erfolgreich für Gleichstellungsgesetze und Gleichstellungsstellen auf allen Ebenen ein und forderte eine progressive Gleichstellungsgesetzgebung.

Christa Randzio-Plath

Frauenrechte sind Menschenrechte – weltweit

Alte Gefahren, neue Herausforderungen

SCHÜREN

Bibliografische Information der Deutschen Nationalbibliothek
Die Deutsche Nationalbibliothek verzeichnet diese Publikation in der Deutschen Nationalbibliografie; detaillierte bibliografische Daten sind im Internet über http://dnb.d-nb.de abrufbar.

Schüren Verlag GmbH
Universitätsstr. 55 • 35037 Marburg
www.schueren-verlag.de

Umschlaggestaltung: Wolfgang Diemer, Frechen
Covermotiv: @gograph.com/Yulia Glam
Druck: Beltz, Bad Langensalza
Printed in Germany
ISBN 978-3-7410-0273-1
Auch als ebook erhältlich

Inhalt

Aufschlag

«Empört euch gegen die Diskriminierung eurer Zukunftschancen», riet der französische Menschenrechtler Stéphane Hessel Europas Jugend in der Finanzkrise 2008. «Empört euch, werdet lauter», rät die britische Feministin und Wissenschaftlerin Mary Beard. Sie urteilt über Frauen und Männer seit der Antike und mahnt: Das Schweigen der Frauen ist die Macht der Männer. Ein Weckruf für Frauen von heute.

Internationale Frauenpolitik nach dem Zweiten Weltkrieg setzte frauenpolitische Meilensteine mit der UN-Charta 1945, der Menschenrechtserklärung 1948, den Menschenrechtspakten 1966 und der Frauenrechtskommission der UN, die bereits 1946 gegründet wurde. Internationale Frauenrechte und Frauenpolitik wurden nach dem Zweiten Weltkrieg wie selbstverständlich mitgedacht. 2020 war ein «Jubiläumsjahr»: 75 Jahre UN, 25 Jahre Weltfrauenkonferenz Peking, 40 Jahre Frauenrechtskonvention und 20 Jahre UN-Sicherheitsrats Resolution gegen Gewalt gegen Frauen in Kriegen und Konflikten. Internationale Konventionen verpflichten alle UN-Staaten zur Durchsetzung von Menschenrechten, zu einer Antidiskriminierungspolitik, zur Gleichstellung von Frau und Mann und zu proaktivem Engagement zur Durchsetzung der Gleichberechtigung. Wenige Verfassungen weltweit gab es damals, die Frauenrechte respektierten. Viele heutige UN-Staaten waren damals Kolonien, viele Staaten führten erst nach 1945 das Frauenwahlrecht ein, wie Frankreich 1947. 2020 haben fast alle Staaten in ihren Verfassungen Gleichstellungsbestimmungen.

25 Jahre nach der Weltfrauenkonferenz in Peking 1995 können allgemeine Fortschritte in Verfassung und Recht festgestellt werden. Sie sind wichtig, weil sie Regierungen und Parlamente, Verwaltung und Gerichte verpflichten. Dennoch bleibt die strukturelle Diskriminierung der Frauen. Keine der heute lebenden Frauen – so das Weltwirtschaftsforum – wird erleben, dass die Gleichberechtigung von Frau und Mann und ihre diskriminierungsfreie Gleichstellung durchgesetzt sind. Kein Land der Welt hat Geschlechtergerechtigkeit erreicht. Damit gibt es bis heute faktisch ein Recht auf Diskriminierung. Es ist alltäglich, dass Frauen diskriminiert werden. Es ist alltäglich, dass sich Frauen nicht wehren können, aber Menschenrechte lassen keine Diskriminierung zu. Dafür stehen internationale Rechtsgrundsätze und internationale Frauenpolitik.

Die Vision von Peking ist lebendig. Auch 1995 wurde eine systemische Transformation der Weltgesellschaft und Weltwirtschaft gefordert, um Diskriminierung zu überwinden. Eine zentrale Frage ist die fortbestehende Ungleichheit. In den Analysen zur Entwicklung von Ungleichheit wird die globale Ungerechtigkeit offenbar, wenn 79 Menschen auf dieser Welt so viel besitzen wie 2,5 Milliarden Menschen, die ärmere Hälfte der Welt. Unerwähnt bleibt dabei, dass Frauen bei den Reichsten der Reichen die Minderheit, aber bei den Ärmsten der Armen die Mehrheit bilden. Frauen werden diskriminiert, in jeder Lebenslage, weltweit. Nicht nur durch Verteilung der Reichtümer werden Frauen benachteiligt, es sind auch Regierungen, die diskriminieren.

Seit dem Internationalen Jahrzehnt der Frau 1975 bis 1985 sind Frauen international vernetzt auf dem Weg, nationale Regierungen über internationale Beobachtung, Berichtspflichten und große Konferenzen auf einen Gleichheitspfad zu bringen. Dieses gelingt nur teilweise. Die UN-Frauenrechtskonvention, Convention on the Elimination of All Forms of Discrimination Against Women (CEDAW), war 1979 ein hart erkämpfter Glücksfall. Sie ist wegweisend, wenn es um die Identifizierung von strukturellen Ursachen von Frauendiskriminierung und um Forderungen nach ihrer Abschaffung geht. Die Spruchpraxis von CEDAW wie auch die Allgemeinen Empfehlungen an die Weltgemeinschaft zur Anwendung und Durchsetzung von Frauenrechten, sind bescheiden, aber eindeutig. Jegliche Diskriminierung der Frau ist eine Menschenrechtsverletzung. Die UN-Menschenrechtskonferenz und die UN-Generalversammlung erkannten 1993 diese FrauenMenschenrechtsverletzung an. Auch die UN-Sicherheitsratsresolution 1325, die Gewalt gegen Frauen in bewaffneten Konflikten geißelt und mehr Frauenpartizipation an Friedensverhandlungen fordert, ist ein Ergebnis des hartnäckigen Engagements von internationalen

Frauenexpert:innennetzwerke und zivilgesellschaftlichen Lobbying-Aktionen international, regional und national.

Das allgemeine Diskriminierungsverbot folgt aus der Menschenwürde, die jedem Menschen gleichermaßen zukommt. Gleichberechtigung ist ein Menschenrecht. Die Allgemeine Erklärung der Menschenrechte vom 10.12.1948 kodifiziert: Alle Menschen sind frei und gleich an Würde und Rechten geboren. Diese wunderbaren Worte hören Frauen gerne, glauben sie trotz aller realen Fortschritte nicht. Menschenrechtliches Denken beginnt hier. Trotzdem werden Menschen weltweit diskriminiert wegen ihrer Hautfarbe, ihrer sexuellen Orientierung und nicht zuletzt wegen des Geschlechts. Gerade die Geschlechterdiskriminierung hat zugenommen und ist im Zeichen von Künstlicher Intelligenz (KI) und von Covid-19-Herausforderungen eine nachdrücklich, sich immer wieder wiederholende Diskriminierung. Weltweit sind es mehr Frauen, die in systemrelevanten Berufen arbeiten, aber keinen gerechten Lohn für ihre Arbeit oder menschengerechte Arbeitsbedingungen haben. Diskriminierung ist eine schwere Menschenrechtsverletzung, weil sie Würde und Menschenrechte mit Füßen tritt. Das gilt für die Diskriminierung von Frauen, die weltweit ihren Ausdruck in häuslicher, auch sexualisierter Gewalt, in prekärer Beschäftigung, in ungerechten Arbeits- und Entlohnungsbedingungen und in ungenügender Sozial- und Altersversicherung ihren Ausdruck findet. Die Vereinbarkeit von Beruf und Familie ist weltweit «Frauensache». Deshalb müssen öffentliche Dienste der Daseinsvorsorge dazu beitragen, Frauen aus ihrer Armuts- und Sorgefalle zu befreien. Ein neoliberales Wirtschaftssystem, das öffentliche Dienstleistungen der Daseinsvorsorge privatisiert, liefert Frauen und Männer weltweit Armut, Gewalt, Hunger und Ausbeutung aus.

Frauen erleben täglich Diskriminierung, in der Arbeitswelt, in der Gesellschaft und in der Politik. Sie sterben an häuslicher Gewalt, im sicheren Heim, weil sie Frauen sind. Keine Frau ist vor Diskriminierung gefeit, aber wenige Frauen können ihr Recht auf Nicht-Diskriminierung durchsetzen. Deutschland hat wie andere Staaten die Frauenrechtskonvention nur unzureichend umgesetzt. In der öffentlichen Wahrnehmung fehlt ein Bewusstsein für Frauenrechte. Das gilt für Regierungen, Parlamente und die Zivilgesellschaft. Die unterschiedlichen Anstrengungen zur Beseitigung von Diskriminierung auf allen Ebenen weltweit sind unzureichend. Die meisten UN- Staaten haben es versäumt, die staatlichen Strukturen und Institutionen zu schaffen und mit angemessenen Personal- und Sachmitteln auszustatten, wie es die Aktionsplattform von Peking 1995 gefordert hat. Auch fehlt es fast überall an verbindlichen Gleichstellungsprogrammen und Gleichstellungsstrategien.

Es gibt eine seltsame Ferne zwischen der internationalen Frauenpolitik und der notwendigen nationalen Umsetzung. Daran ändern auch die jährlichen Beratungen der UN-Frauenkommission (CSW) auf ministerieller und administrativer Ebene wenig. Immerhin: Die Frauenkommission war eine Wegbereiterin für Gendergerechtigkeit der UN-Politik und nutzte die frauenpolitischen Irritationen der Weltfrauenkonferenz in Mexiko 1975, um schnellstmöglich ihren Entwurf der Frauenrechtskonvention in Vorbereitung auf die 2. Weltfrauenkonferenz in Kopenhagen durchzusetzen. Sie hat in den vergangenen Jahrzehnten dazu beigetragen, Rückschritte zu verhindern und das Emanzipations- und Gendergerechtigkeitsanliegen der Aktionsplattform von Peking aufrechtzuerhalten.

Dennoch ist die Rechtslage weltweit auch heute noch sehr unterschiedlich wie auch Lebens- und Arbeitsbedingungen und der Zugang zu politischer und wirtschaftlicher Macht. Zentrales Thema war und bleibt Armutsbekämpfung. Die Feminisierung von Armut ist eine Herausforderung. Immer noch sind 70 % der in absoluter Armut lebenden Personen Frauen- trotz Weltfrauenkonferenzen, trotz Millenniumserklärung, trotz der UN-Agenda 2030, die niemand zurücklassen will. Immerhin sind 2020 viele Frauen wie Männer weniger arm und müssen nicht hungern. Die Covid-19- Pandemie wird das wieder verschlechtern.

Zwischen 60 bis 80 % beträgt der Anteil der Frauen, die im informellen Sektor tätig sind. Die Diskriminierung der Frauen im ländlichen Raum wie in Südasien, in Afrika südlich der Sahara und in einigen lateinamerikanischen Staaten dauert an, weil Frauen weder den gleichberechtigten Zugang zu Landtiteln, Krediten, Wasser, Energie und Beratung haben wie Männer. Diese Frauen sind die Nahrungsmittelproduzentinnen für die Bevölkerung und trotzdem von Hunger und Mangelernährung betroffen.

Die Feminisierung der Armut verletzt Menschenrechte von Frauen, weil sie ihre sozialen, wirtschaftlichen und politischen Bedürfnisse nicht einfordern können. Dabei geht es um materielle Armut, aber auch um den Zugang zu Ressourcen. Öffentliche Dienstleistungen der Daseinsvorsorge für Bildung, Mobilität, Gesundheit stehen Frauen vor allem in ländlichen Gebieten nicht zur Verfügung. Der Zugang zu Gerichten ist Frauen durch materielle Barrieren und Geschlechterstereotypen versperrt. Armutsbekämpfungsprogramme, die es in vielen Staaten gibt, und auch von deutscher und europäischer Entwicklungszusammenarbeit unterstützt werden, sind wenig erfolgreich, wenn sie nicht auf die Lebenslagen der Frauen Rücksicht nehmen und die geschlechtsbedingten Disparitäten abschaffen.

Dazu soll die Geschlechterparität bei politischen Entscheidungen beitragen. 2020 wird die Parität in Ämtern und Mandaten gefordert. Männermacht verhindert sie, männergemachte Verfassungen und Gesetze. Frauen müssen dafür sorgen, dass diese Verfassungen und Gesetze geändert werden. Ein Vorbild sind die Mütter des Grundgesetzes, die mit Unterstützung der Frauenverbände in Deutschland, den Gleichberechtigungsartikel 3 im Grundgesetz durchgesetzt haben. Demokratie braucht Partizipation, gleichberechtigte Partizipation.

Kapitel 1
25 Jahre Aktionsplattform Peking
Frauendiskriminierung bis heute nicht überwunden

Das Internationale Jahr der Frau 1975 und das Internationale Jahrzehnt der Frau 1975 bis 1985 wurden von den UN beschlossen, stießen aber in der weltweiten Frauenbewegungen nicht unbedingt auf große Begeisterung. Als Staatsfeminismus wurden diese Initiativen belächelt und verspottet von Konservativen wie von Feministinnen. Autonome Bewegungen und unterschiedliche Emanzipationsideologien bzw. Emanzipationspolitiken grenzten internationale Frauenpolitik ein. Viele Frauenbewegungen entstanden gleichzeitig in unterschiedlichen Kontinenten und prangerten unterschiedliche Diskriminierungen von Frauen an. Dennoch waren die 1970er-Jahre stärker geprägt durch schwierige Auseinandersetzungen von Frauenbewegungen und nationalen Regierungen als durch internationale Frauensolidarität. Die Besetzung des Capitols in Rom durch italienische Frauen war ein Höhepunkt in der Forderung nach einem gleichberechtigten Familien- und Scheidungsrecht. Die Frauen waren erfolgreich wie in allen europäischen Staaten. Verfassungen und Bürgerliche Gesetzbücher wurden geändert. Die Berufstätigkeit der Frau konnte nicht mehr verboten werden. Die Kampagne «Mein Bauch gehört mir» mit der Forderung nach der ersatzlosen Streichung des Verbots von Abtreibung (§ 218 Strafgesetzbuch) war konstitutiv für internationale Solidarität zur sexuellen Selbstbestimmung von Frauen überall in Europa. Allerdings ist die Straflosigkeit von Abtreibung immer noch nicht durchgesetzt. Mit Fristenregelungen müssen sich Frauen begnügen.

Internationale Frauenpolitik war immer auch Friedenspolitik. Frauen engagierten sich vor dem 1. Weltkrieg und danach immer wieder grenzübergreifend. Frauen waren Wortführerinnen in der Friedensbewegung zum «Nein gegen atomare Mittelstreckenraketen» und die unheilvollen Kriege weltweit auch als Antikriegsbewegung. Erinnert werden muss dabei an die erste Friedensnobelpreisträgerin Bertha von Suttner, die bereits 1889 forderte: «Die Waffen nieder», um mit einer waffenlosen Welt Frieden durchzusetzen.

In den 1970er-Jahren erfanden sich die UN neu. Die Weltkonferenzen wie die Umweltkonferenz von Rio 1972 und die Weltfrauenkonferenzen sollten einen Beitrag zur Aufwertung und demokratischer Legitimation internationaler Politikkooperation und Politikkoordination leisten. Die Partizipation der Zivilgesellschaft war erstmals ausdrücklich erwünscht. Die UN-Weltkonferenz zu Umweltfragen 1972 war legendär in ihrer Forderung zur ökologischen Umkehr und führte zu weitreichenden umweltpolitischen Engagements. Neuland betraten die UN auch mit den Weltfrauenkonferenzen. Niemals zuvor mussten alle UN-Regierungen in Berichten konkret über Erfolge und Rückstände in der Durchsetzung der Gleichstellung von Frau und Mann berichten. Niemals zuvor sahen sich Regierungen mit Zigtausenden von Berichten, Stellungnahmen und Konferenzen von zivilgesellschaftlichen Akteurinnen aus den Frauenbewegungen konfrontiert.

Die 1. Weltfrauenkonferenz von Mexiko gelang, obwohl es große Differenzen zwischen den Frauen im globalen Norden und globalen Süden gab. Feminismus war den Süd-Frauen nicht so wichtig wie die Bekämpfung von Armut und Hunger. Süd-Frauen sahen die koloniale Verantwortung des globalen Nordens für Armut und Hunger in den Ländern des Südens. Alle Frauen einigten sich dann auf weitere internationale Zusammenarbeit. Sie prägten das Motto: Gleichberechtigung, Entwicklung, Frieden. Daraus leiteten die Frauen weltweit auf den nächsten Weltfrauenkonferenzen Ansprüche an die Regierungen ab. Die drei Ziele wurden als miteinander verbunden verstanden, weil die Erreichung eines Ziels die anderen Ziele stärkt. Ohne Frieden sind weder Gleichberechtigung noch Entwicklung erreichbar. Die Gleichberechtigung wiederum ist wichtig für Frieden und Entwicklung, weil sich bestehende Ungleichheiten auf allen Ebenen verstärken und damit Spannungen verschärfen können. Die

UN errichteten einen Entwicklungsfonds für Frauen und das internationale Fraueninstitut INSTRAW, um die internationale Zusammenarbeit zu fördern.

Auf der 2. Weltfrauenkonferenz 1980 in Kopenhagen begann die Unterzeichnung der UN-Frauenrechtskonvention gegen jegliche Diskriminierung der Frau (CEDAW) als eine Antwort auf die strukturelle Diskriminierung von Frauen. Sie setzt einseitig auf die Überwindung geschlechtsspezifischer Diskriminierung der Frau. Frauendiskriminierung ist seitdem verboten und alle UN-Staaten müssen pro-aktiv handeln, um Diskriminierungen im öffentlichen, aber auch im privaten Bereich zu verhindern. Bis heute haben nicht alle UN-Staaten diese Konvention unterschrieben oder ratifiziert, nicht der Iran, nicht die USA. Bis heute ist die UN-Konvention, die Konvention mit den meisten Vorbehalten von Mitgliedstaaten, insbesondere in Bezug auf die Bestimmungen im Ehe- und Familienrecht, weil sie die gleichstellungspolitischen Regelungen für sich nicht akzeptieren. Diese Vorbehalte dürften lange schon ihre Berechtigung verloren haben, weil seit 1979 alle UN-Staaten genügend Zeit zu Ehe- und Familienrechtsreformen gehabt hätten. Traditionen, Geschlechterstereotype und Rollenmuster, aber auch Machtverhältnisse stehen Reformen im Wege, obwohl UN-Normen universale unteilbare Gültigkeit haben.

Damals war klar: Frauendiskriminierung ist eine Menschenrechtsverletzung. Sie muss nicht nur angeprangert, sondern muss überwunden werden. Darin waren sich die Frauen einig, wenngleich sie sich in vielem anderen uneinig waren. In der Friedenspolitik gab es in damaligen Kalter-Krieg-Zeiten wenig Gemeinsamkeiten. Die Friedensdemonstrationen allerdings sprengten alle Dimensionen, so mächtig und bunt war der Frauenprotest gegen Aufrüstung und Krieg, auch in Kopenhagen. Einig waren sich die Frauen in der Einschätzung, dass Frieden nur möglich wird, wenn es keine Gewalt gegen Frauen mehr gibt.

Die Weltfrauenkonferenz 1980 war überschattet von Weltwirtschaftskrisen, Rezessionen und wirtschaftspolitischen Krisen in Entwicklungsländern. Deswegen forderte die Weltfrauenkonferenz eine neue gerechtere Weltwirtschaftsordnung. Damals wurde erstmals auch im Zusammenhang mit der neuen internationalen UN-Entwicklungsstrategie die Schlüsselrolle der Frau für den Entwicklungsprozess betont. Das Aktionsprogramm der Weltfrauenkonferenz setzt auf mehr Gleichberechtigung in Wirtschaft und Arbeitswelt und mehr Klimagerechtigkeit. Entwicklungsländer-Vertreterinnen empörten sich über frauenpolitische Anmaßungen aus den Industrieländern: Über Genitalverstümmelung als Menschenrechtsverletzung kann erst geredet werden, wenn kolonial bedingte Armut, Unterentwicklung und Hunger beseitigt seien. Trotz aller Unterschiede war den Frauen klar, dass ein Ringen um Geschlechtergleichheit hartnäckiges Denken und Handeln braucht. Die nordischen Frauen wurden bewundert: Immer, wenn es in einem nordischen Staat gleichstellungspolitische Fortschritte gab, konnten Frauen sicher sein, dass auch die Frauen in den anderen nordischen Staaten nachzogen. Die Weltfrauenkonferenz in Kopenhagen bestand darauf, damit aufzuräumen, dass die Frau «weiterhin als Mensch zweiter Klasse gilt und ihren Problemen geringe Priorität eingeräumt wird».

Die 3. Weltfrauenkonferenz in Nairobi 1985 setzte neue Maßstäbe. Schon im Vorfeld positionierten sich nationale Regierungen gleichstellungspolitisch progressiv. Das galt auch für die deutsche Bundesregierung, die 1985 die Frauenrechtskonvention ratifizierte und 1986 ein Bundesfrauenministerium gründete. Keine Regierung wollte sich angesichts des großen medienwirksamen Einflusses der organisierten und autonomen Frauenbewegungen blamieren. Die Weltfrauenkonferenz in Nairobi forderte «Schluss mit der Feminisierung der Armut». Die neoliberale Wirtschaftspolitik setzte im Zeichen der Globalisierung auf die Nutzung der Frauenreserven in Entwicklungsländern. Millionen von Frauen fanden Arbeitsplätze in der Exportwirtschaft und in freien Produktionszonen. Die Beschäftigung war zwar weder menschenwürdig noch existenzsichernd. Dennoch wurde sie von vielen als Chance gesehen und trug zu mehr Wohlstand bei. Viele Frauen hatten erstmals ein Geldeinkommen. Trotzdem lebten sie weiterhin in absoluter Armut. Nairobi bereitete den Weg zu Peking 1995, weil eine weltweit feministische und frauenpolitische Bewegung entstand, die Regierungen der UN-Staaten unter Druck setzte. Niemals zuvor gab es so viele gleichstellungspolitische Impulse auf internationaler und nationaler Ebene.

Viele Delegierte wurden in Nairobi erstmals mit den Herausforderungen für Frauen in Entwicklungsländern konfrontiert, vor allem durch das Frauenerlebnis Afrika vor Ort. Für viele ein Schock. Gemeinsame Besuche in Frauenprojekten, wie auch die vielen Diskussionen und afrikanischen Veranstaltungen zur Lage der Frau in afrikanischen Ländern vertieften das gegenseitige Verständnis. Die Frauensolidarität war nicht nur beim Diskutieren und Beschließen groß, sondern auch beim Teilen von Alltagsabläufen. Der damalige kenianische Präsident Moi entzog Frauen aus der Zivilgesellschaft bezahlte Hotels und wies sie Regierungsdelegationen zu, sodass sehr viele Frauen in Schulen ohne Waschkapazitäten übernachten mussten. Frauen teilten, blieben und agierten. Nairobi war eine besondere Erfahrung, weil das Machtbewusstsein der afrikanischen Delegierten europäischen und amerikanischen

Delegierten klar machte, dass ihr Negativbild von Macht eine Luxusposition war. Afrikanische Frauen brachten es auf den Punkt und wollten Einfluss nehmen zugunsten von Frauen und Kindern und Benachteiligten. Macht bedeutete für sie Einflussnahme und Veränderung. Dazu verabredeten sich die Frauen und versprachen sich in den dunklen afrikanischen Nächten, dass mit der Jahrtausendwende Schluss sein sollte mit der Frauendiskriminierung. Bis zum Jahr 2000 wollten alle Delegierten die Parität in Entscheidungsfunktionen durchgesetzt haben. Die Frauen forderten ihre gleichberechtigte Partizipation an politischen Entscheidungsprozessen. In Afrika gelangen Aufbrüche. Politische und wirtschaftliche Entscheidungsmacht von Frauen in Politik und Wirtschaft blieben mit durchschnittlich 12 % weltweit allerdings auch im Jahr 2000 marginal.

Peking, die 4. Weltfrauenkonferenz

Weltfrauenkonferenzen sollten in allen UN-Kontinenten stattfinden. Das war eine Verabredung. Die Weltfrauenkonferenz in Peking 1995 war eine politische Herausforderung. Das chinesische Regime galt als autoritär und ideologisch festgelegt, die Unterdrückung von Menschenrechten war bewiesen. Nach dem Motto «Wandel durch Annäherung» gelang der Spagat, sowohl die Regierungskonferenz wie die Treffen der Zivilgesellschaft in China stattfinden zu lassen. Frauenpolitisch gelang auf dieser Weltfrauenkonferenz ein Durchbruch. Die Aktionsplattform von Peking verdient ihren Ruf als visionäre Handlungsanweisung an Regierungen, weil es Stillstand in der internationalen Gleichstellungspolitik gab und weil sich angesichts der Frauenbewegungen und ihrer Unterstützung weltweit weder die sogenannten Großmächte noch die fundamentalistisch orientierten Kreise in Religionen oder Ideologien zu Angriffen auf Frauenrechte trauten. Damals konnte die internationale Zivilgesellschaft die Regierungen noch unter Druck setzen, weil Gleichstellung ein politisches Profilierungs- und Wahlkampfthema war.

Meilenstein Kairo 1994

Ohne die Weltbevölkerungskonferenz 1994 in Kairo, wäre der Erfolg der Konferenz von Peking kein Durchbruch geworden. Gegen die Widerstände von den USA, den arabischen Staaten und dem Vatikan wurde der universale

Zugang von Frauen auf reproduktive Gesundheit und reproduktive Rechte durchgesetzt. Damit zählt die sexuelle Selbstbestimmung von Frauen zum Erfolgskanon der Weltfrauenkonferenz. Die Konferenz stellt fest, dass menschliche Sexualität und Geschlechterverhältnisse eng miteinander verbunden sind und sich zusammen auf die Fähigkeit von Männern und Frauen, sexuelle Gesundheit zu erreichen, aufrecht zu halten und ihr reproduktives Leben zu verwalten auswirken. Gleiche Beziehungen erfordern gegenseitigen Respekt und die Bereitschaft, Folgen der sexuellen Freiheit zu übernehmen. In vielen Ländern haben schädliche Praktiken zur Kontrolle der Sexualität von Frauen, zu großem Leid und Menschenrechtsverletzungen geführt, wie zum Beispiel die weibliche Genitalverstümmelung.

Reproduktive Gesundheit, so die Erklärung von Kairo, verbürgt das Recht von Männern und Frauen zum Zugang zu sicheren, wirksamen, erschwinglichen und akzeptablen Methoden der Familienplanung ihrer Wahl. Reproduktive Rechte umfassen Menschenrechte, die in internationalen Menschenrechtsdokumenten der Vereinten Nationen anerkannt sind. Es gibt daher das Recht Entscheidungen für Reproduktion frei von Diskriminierung, Zwang und Gewalt zu treffen. Alle Staaten werden aufgefordert die reproduktive Gesundheit über das primäre Gesundheitssystem zugänglich zu machen. Auch der Schwangerschaftsabbruch wird aus Gründen der Gesundheitsfürsorge genannt, weil er professionell dort durchgeführt werden soll, wo er nicht verboten ist. Information, Beratung und Dienstleistungen sollen auch jugendlichen und erwachsenen Männern zugänglich gemacht werden. Familienplanungsprogramme sind von wesentlicher Bedeutung.

■ Peking 1995 nicht zum Mahnmal verkommen lassen

Peking 1995 ist kein Vermächtnis. Die Aktionsplattform ist der Dorn in der Rose, der Stachel in jeder nationalen Gleichstellungspolitik, die so unbefriedigend läuft, dass weltweit die Frauen nach Untersuchungen vom Weltwirtschaftsforum 2020 noch weitere 100 Jahre auf Gleichstellung warten müssen. Das kann die Frauenbewegung nicht zulassen. Schließlich hindern weiterhin weltweit existierende Geschlechterstereotype und diskriminierende Normen sowie Verhaltensmuster Geschlechtergerechtigkeit. Der Mangel an Teilhabe der Frauen an politischer und wirtschaftlicher Macht verhindert den Respekt vor und den Schutz von FrauenMenschenrechten. Geschlechtergerechtigkeit ist weltweit durch den zunehmenden Autoritarismus, den Mangel an Demokratie, den Rechtsextremismus, die Diskriminierung der Frau und den Widerstand gegen die Rechte der Frau, vor allem in ihrem Recht auf sexuelle Selbstbestimmung, bedroht. Es fehlt zunehmend mehr an gleichstellungspolitischen Institutionen und an der Finanzierung von Geschlechtergerechtigkeit institutionell und personell. In keinem gesellschaftlichen Bereich reicht die Sensibilität für Diskriminierung als Menschenrechtsverletzung aus.

Die Aktionsplattform von Peking 1995 kennt zwölf kritische Problembereiche, in denen nach Auffassung der Weltfrauenkonferenz vorrangiger Handlungsbedarf besteht. Vorrangige Handlungsfelder sind: Frauen und Armut, Bildung und Ausbildung von Frauen, Frauen und Gesundheit, Gewalt gegen Frauen, Frauen und bewaffnete Konflikte, Frauen und Wirtschaft, Frauen in Macht- und Entscheidungspositionen, Institutionelle Mechanismen zur Förderung der Frau, Menschenrechte der Frauen, Frauen und die Medien, Frauen und Umwelt und Mädchen.

Die Aktionsplattform von Peking hat einfache und visionäre Vorstellungen, wie eine Welt der geteilten Verantwortung für beide Geschlechter aussehen soll. Im Rückblick begeistern sich Frauenaktivistinnen immer noch. Friedensnobelpreisträgerin Rigoberta Menchu erinnert: «Das aufregendste in Peking war die enorme Vorbereitung der Frauen. Vor der Konferenz haben wir an einer starken, inhaltlich sehr unterschiedlichen Agenda gearbeitet, in der die Forderung nach der Gleichstellung der Geschlechter, nicht nur eine Forderung und Erklärung war, sondern eine Maßnahme zum Nutzen der Frauen, um sie in die nachhaltige Entwicklung einzubeziehen, zur Lösung aller Konflikte, mit denen Frauen konfrontiert sind, und zur Beendigung der Gewalt. Es war eine beispiellose Versammlung von Frauen, die ihre Stimme erhoben.» Die liberianische Jugendaktivistin June Wutoh stellt fest: «Die Konferenz in Peking hat uns das Gefühl gegeben, das wir mehr tun, die Dinge relativieren und mehr Maßnahmen fordern müssen. Die Atmosphäre auf der Konferenz war aufregend ... Nach der Konferenz habe ich beschlossen, mich auf Aktivismus und Anwaltschaft für die Rechte von Kindern und Frauen zu spezialisieren.» Die bolivianische Frauenaktivistin Diana Urioste hat die Eröffnung der Weltfrauenkonferenz von 1995 auch 2020 noch eindrücklich vor Augen: «Dank der Pekingkonferenz wurde Gewalt gegen Frauen sichtbar. Heute ist es nötig die Selbstbestimmung über den weiblichen Körper weltweit durchzusetzen und für sexuelle und reproduktive Rechte von Frauen zu kämpfen.» Allerdings sind die weltweiten Fortschritte langsam und uneinheitlich Die Ziele sind bis heute nur teilweise erfüllt. Wenige Regierungen wie die nordischen Staaten investieren kontinuierlich in die Gleichstellung der

Geschlechter. Auch Frauenorganisationen werden unzureichend unterstützt. Befremdend sind die geringen Fortschritte zu Gleichstellungsstrategien wie Gender Mainstreaming, Gender Budgeting, Quoten und paritätischen Teilhabeforderungen.

Schwächen in der Umsetzung der Pekinger Aktionsplattform zeigen sich nach wie vor. Die Gründe liegen nicht in der fehlenden Zustimmung zu den Gleichstellungsnormen, sondern in unzureichender Umsetzung und Finanzierung. Die Gleichheit vor dem Gesetz wird in der Praxis häufig durch eine mangelnde Unterstützung durch den Staat, institutionelle Hindernisse und Zugang zu materiellen Ressourcen untergraben. So kommt es weiterhin zur Feminisierung von Gewalt, Armut und prekärer Beschäftigung sowie Sorgearbeit. Von Ausgrenzung, Gewalt und Diskriminierung sind dabei vorwiegend Frauen aus Armutsgebieten betroffen.

Die jährlichen Bilanzen der Frauenrechtskommission (CSW) zeigen immer wieder: Es gibt weltweit Fortschritte in der Umsetzung der Aktionsplattform von Peking. Sie sind aber uneinheitlich und langsam, gar zögerlich. Dramatisch sind die weiterhin bestehenden diskriminierenden Geschlechternormen und die vorherrschenden Geschlechterstereotype. Gewalt gegen Frauen bleibt weltweit auch deswegen eine Herausforderung für Regierungen und Institutionen. Sowohl Sanktionen wie Prävention und Rechtsvorschriften zur Bekämpfung der Gewalt gegen Frauen haben an dem traurigen Zustand nichts geändert, dass jede vierte Frau weltweit bereits einmal Gewalt ausgesetzt war. Alle UN-Staaten werden zu Maßnahmen aufgefordert, Gewalt gegen Frauen zu verhindern, Gewalt zu beseitigen, präventiv tätig zu werden und Frauenhandel abzuschaffen. Es gibt inzwischen viele Strafgesetze, nationale Aktionspläne und die Europaratskonvention gegen geschlechtsspezifische Gewalt. Die Istanbul-Konvention ist ein wichtiges Beispiel für die Durchsetzungskraft der Zivilgesellschaft: Nein heißt Nein!

Die damalige UN-Generalsekretärin für die Weltfrauenkonferenz 1995, Gertrude Mongella aus Tansania, schlug besondere Maßnahmen vor, um gleichstellungspolitische Fortschritte zu erzielen. Gebraucht werden der Wandel von diskriminierenden gesellschaftlichen Normen und Geschlechterstereotypen, der Wandel der Wirtschaft zugunsten der Gleichstellung der Geschlechter und der nachhaltigen Entwicklung, die gleichberechtigte Partizipation der Frauen an allen Entscheidungsprozessen, die Verwirklichung der Menschenrechte von Frauen und deutlich gesteigerte kontrollierbare Investitionen in die Geschlechtergleichstellung. In Addis Abeba auf dem Peking+25-Gipfel der afrikanischen Staaten 2020 forderte sie erneut die Einlösung ein.

Peking +25 Jahre: Weiterkommen wäre möglich gewesen

Eine Bewertung der Umsetzung von der Aktionsplattform von Peking durch den UN-Generalsekretär 2019 lohnt und kann ein Blick in die Zukunft werden, wenn die konkreten Umsetzungsfortschritte endlich erfolgen, zu denen Regierungen verpflichtet sind. 2015 übernahm die UN-Agenda 2030 zu nachhaltiger Entwicklung die wichtigen Forderungen der Aktionsplattform von Peking und muss sie bis 2030 einlösen. 2020 verpflichten sich die UN-Staats- und Regierungschefs erneut zur beschleunigten umfassenden Umsetzung in ihren Staaten.

Die Bilanz von 25 Jahre Peking 1995 ist gemischt. In den unterschiedlichen Handlungsfeldern sind Frauen Gewinnerinnen oder Verliererinnen. Es geht um keinen Wettbewerb. Schließlich sollen alle Frauen gleichgestellt werden. So setzen Weltregionen wie die Europäische Union zu Recht auf die Bekämpfung von Frauenarmut, weil mehr Frauen als Männer von Armut bedroht sind oder in Armut leben. Die meisten armen Frauen leben in ländlichen Gebieten. Armut wird als mehrdimensionales Problem begriffen. Armut wird nicht allein als Einkommensarmut verstanden, sondern auch als Ressourcenarmut. Es geht um den gleichen Zugang zu Ressourcen aller Art wie Kredite, Eigentum, Wasser, Wissen und die Berücksichtigung der Frauenfrage bei allen makroökonomischen Strategien. Diese Forderung übernimmt Ziel 5 der UN-Agenda 2030, auch in den Unterzielen.

Nicht-diskriminierende Bildung auf allen Ebenen und in allen Formen wird für Frauen als Menschenrecht gesehen. Es trägt dazu bei, Menschen die gleichen Chancen zu gewährleisten, ihre Potenziale zu entwickeln, das Analphabetentum abzuschaffen und ein nichtdiskriminierendes Bildungs- und Ausbildungswesen zu entwickeln. Trotz beeindruckender quantitativer Erfolge in der Mädchenbildung bleiben geschlechterbedingte Zugangshindernisse wie Menstruation und Schulgeld, die zu Schulausfallzeiten bei Mädchen führen, statistisch weitgehend nicht erfasst. Es bleibt überdies bei der Tatsache, dass 60 % aller Analphabeten Frauen sind und hiergegen wenig unternommen wird. Der Schutz der Rechte von Mädchen und ihre Teilhabe am wirtschaftlichen, sozialen und politischen Leben wird für alle Aktionsbereiche betont. Ihre besondere Verletzlichkeit wird durch den eigenen Forderungsteil herausgestellt, weil Mädchen die Zukunft sind und ihre Schutzlosigkeit zu einer besonderen Mädchenförderung in Bildung, Gesundheit, Ernährung, Erwerbsarbeit und Gewaltverhinderung verpflichtet. Das gilt heute insbesondere auch für Digitalisierungsbildung.

Frauen wird wie Männern das Recht auf körperliche, geistige und soziale Gesundheit versprochen sowie ein Höchstmaß an Information. Gleichzeitig betont das Aktionsprogramm besondere Vorsorgeprogramme für Frauen sowie den Schutz sexueller und reproduktiver Gesundheit wie sie bereits von der Weltbevölkerungskonferenz in Kairo 1994 gefordert worden ist. Nach Angaben des Weltwirtschaftsforums sind die Fortschritte in Richtung gleichberechtigte Gesundheitslage sehr groß. Allerdings bleiben Herausforderungen bei der reproduktiven Gesundheit und den reproduktiven Rechten der Frauen. Nur 50 % der Frauen im südlichen Afrika können über Verhütungsmittel und Kinderzahl bestimmen.

Die UN-Sicherheitsrats-Resolution 1325 aus dem Jahr 2000 und die mit ihr verbundenen späteren Resolutionen unterstreichen wie die Aktionsplattform die besondere Verwundbarkeit der Frau in bewaffneten Konflikten durch Massenvergewaltigung und Versklavung, aber auch ihre besondere Rolle bei Friedensverhandlungen und fordert ihre gleichberechtigte Partizipation an Konfliktlösungen. Allerdings bleiben die UN-Entscheidungsstrukturen zur Konfliktbewältigung trotz eindeutiger Erfolge von Frauen als Friedensstifterinnen z. B. im Fall der Großen Seen in Afrika männerdominiert.

Das Economic Empowerment von Frauen als Zielgröße hat in der Aktionsplattform ihren Ursprung. Es geht um die Stärkung der Rechte und die ökonomische Unabhängigkeit der Frauen, die Überwindung von Beschäftigungsverboten, von Lohndiskriminierung, von ungleichen schlechteren Arbeitsbedingungen und die Durchsetzung von Vereinbarkeit von Beruf und Familie. Die UN-Agenda 2030 nimmt diese Ziele von Peking auf. Diese Strategie wiederholt die G-20-Strategie von Brisbane mit dem Ziel, die Frauenerwerbstätigkeit um 25 % zu erhöhen, um ein höheres Wirtschaftswachstum zu erzielen. Dabei muss es um gute Arbeit für Frauen gehen, die gleiche und gleichwertige Bedingungen in der Arbeitswelt zur Voraussetzung hat – von der Lohngleichheit bis zu den Arbeitsbedingungen. Selbst in der Europäische Union ist das Lohngefälle mit durchschnittlich 16 % weiterhin zu hoch.

Offen bleibt die Vereinbarkeit von Beruf und Familie. Sie ist entscheidend für die gleichberechtigte Teilnahme der Frauen und Männer am Erwerbsleben. Fast die Hälfte der UN-Staaten kennt inzwischen spezifische Maßnahmen. Die Herausforderungen der Sorgewirtschaft (care economy) sind von den meisten Regierungen nicht begriffen oder werden wegen der finanziellen Implikationen immer wieder an den Rand geschoben. Die Covid-19-Pandemie verdeutlichte diese Herausforderung. Bezahlbare qualitativ hochwertige öffentliche Infrastrukturen für Kinderbetreuung oder im Pflegebereich sind alternativlos.

Die gleichberechtigte Partizipation der Frau in allen Entscheidungspositionen in Politik und Wirtschaft war ein zentrales Anliegen der Pekinger Aktionsplattform. Es geht um Gerechtigkeit und Demokratie sowie um die Berücksichtigung der Interessen und Bedürfnisse von Frauen. Die Regierungen werden zum Handeln aufgefordert. 30-prozentige Quoten werden als Mindestgröße diskutiert. Die Ohnmacht der Frauen in politischen und wirtschaftlichen Entscheidungsprozessen will auch Ziel 5 der UN-Agenda 2030 überwinden. Frauen sind immer noch nicht paritätisch beteiligt. Angesichts von einem Frauenanteil von 25% der Abgeordneten weltweit und der verschwindend geringen Zahl von Staats- und Regierungschefinnen sowie Bürgermeisterinnen 2020 gibt es hier einen dringenden Handlungsbedarf. Nicht einmal 5% der Bürgermeister weltweit sind Frauen. Verbessert hat sich der Frauenanteil in wichtigen Positionen der Verwaltung, der Dritten Gewalt, der Zentralbanken und anderer Institutionen. Allerdings gibt es regional gesehen erhebliche Unterschiede.

Wegweisend waren die Beschlüsse zur Integration der Gleichstellung in nationales Recht. In allen öffentlichen Programmen und Maßnahmen, zum Gender Mainstreaming in öffentlichen Entscheidungsbereichen, zur Schaffung von Gleichstellungsbehörden sowie zur Verpflichtung der Staaten auf geschlechtsspezifische Datenerhebung und Datenanalyse. In den ersten Jahren nach Peking wurden viele gleichstellungspolitische Institutionen aufgebaut wie Frauenministerien, Gleichstellungsstellen bei den Regierungen, Gleichstellungsinstitutionen und -kommissionen oder Ombudsstellen. 2020 ist von den institutionellen Mechanismen zur Förderung der Frau wenig geblieben. Vor allem wurden im Zeichen von Sparmaßnahmen überall Personal- und Finanzmittel gekürzt, ohne die Strukturen und Ressourcen zur Gleichstellung weder erhalten noch gestärkt werden können. 80% der UN-Staaten haben äußerst bescheidene nationale Gleichstellungspläne, die auch zur Umsetzung der UN-Agenda 2030 eingesetzt werden. Die Europäische Union und auch Deutschland haben 2020 immerhin erstmals eine ressortübergreifende Gleichstellungsstrategie beschlossen.

Die universale und unveräußerliche Menschenwürde und die damit verbundenen Menschenrechte von Frauen sind Grundlagen für die Geschlechtergerechtigkeit. Die UN-Staaten müssen die Menschenrechte der Frauen respektieren, schützen und die Frauenrechtskonvention zur Bekämpfung jeglicher Diskriminierung von Frauen nutzen. Der Internationale Strafgerichtshof in Den Haag verurteilt zu Recht Vergewaltigungen von Frauen als Verbrechen gegen die Menschlichkeit. Das allein hilft Frauen nicht. Alle Staaten müssen die Menschenrechte von Frauen mehr respektieren als bisher und Verletzungen hart sanktionieren. Das gilt vor allem für Staaten, in denen Geschlechterstereotype aus religiösen, kulturellen oder ideologischen Gründen Frauendiskriminierung legitimieren. Wichtig ist der gleichberechtigte Zugang zur Justiz, um Gerechtigkeit zugunsten von Frauen durchzusetzen. Nicht einmal 40 % der vergewaltigten Frauen weltweit haben die Chance, ihren Fall zur Anklage zu bringen. Den Medien wird eine besondere Rolle zur Bekämpfung von Geschlechterstereotypen, geschlechterspezifischen Traditionen und Vorurteilen eingeräumt. Deswegen fordert die Aktionsplattform zu Recht die Mitwirkung von Frauen und die klischeefreie Darstellung von Frauen in den Medien. Davon ist die Gesellschaft weltweit Meilen entfernt.

Aufbauend auf der Weltumweltkonferenz von Rio 1972 sind erste Schritte unternommen worden sind, um die Umwelt- und Geschlechterperspektive zu verbinden. Es wird die volle Partizipation der Frauen an umweltpolitischen und nachhaltigen Entscheidungen gefordert. Frauen werden als wichtige Akteurinnen zur Förderung einer nachhaltigen Entwicklung gesehen. Es geht auch um die Auswirkungen von Umwelt- und Klimaschäden auf die Frauen. Heute müssen nicht nur die Auswirkungen von Entwicklungs- und Umweltpolitik auf Frauen, sondern vor allem das Klima thematisiert werden. Frauen sind von Klimakatastrophen am meisten betroffen, vor allem in Afrika und Südasien.

■ Versprochen – nicht gehalten

2020, 25 Jahre später, hält sich der Frauenzorn über die nicht eingelösten Versprechen der Weltfrauenkonferenzen und der folgenden UN-Generalversammlungen in Grenzen. Die von den UN 2020 vorgelegten Umsetzungserfolge sind nicht beachtlich: Fast alle UN-Staaten haben die Gleichstellung der Geschlechter in ihren Verfassungen verankert. 278 Gesetze oder Rechtsreformen wurden verabschiedet, um die Gleichstellung zu fördern. Mehr Mädchen als je zuvor gehen zur Schule. Die Müttersterblichkeit ist um 38 % (2000 bis 2017) gesunken.

Viel zu tun gibt es nach dem Bericht des UN-Generalsekretärs zur Umsetzung der Aktionsplattform von Peking vom 13. Dezember 2019 für alle Akteur:innen, um die Aktionsplattform in gesellschaftliche Wirklichkeit umzusetzen und damit die strukturelle soziale Diskriminierung der Frau zu beseitigen: Nur 10 % der Regierungschefs sind weiblich, nur 25 % der Abgeordneten weltweit sind Frauen. Das Risiko absoluter Armut ist für Frauen 25-mal höher als für Männer und damit überproportional hoch. Frauen leisten dreimal so viele Stunden unbezahlter Sorge- und Hausarbeit wie Männer. In der Arbeitswelt beträgt die Genderlücke bei Beschäftigung seit den 1990er-Jahren 31 %, beim Lohn 16 % und nur eine von vier Managern ist eine Frau. 31 % der jungen Frauen haben 2020 weder einen Schul-, Studien-, Ausbildungs- oder Arbeitsplatz (Männer: 14 %). Nur 14 % der Landtitel sind in Frauenhand. Enttäuschend ist es auch, dass sich die bessere Bildung der Frauen nicht positiv auf Geschlechtervorurteile und Geschlechtergleichstellung in Arbeitswelt und Gesellschaft auswirken.

Dramatisch bleibt häusliche Gewalt gegen Frauen, die während der Covid-19-Pandemie zugenommen hat und weltweit Frauen trifft. Gewalt gegen Frauen in jeglicher Form ist kein Kavaliersdelikt, sondern ein Verbrechen. Weniger als 40 % der Frauen haben Zugang zu Gerichten, um Gewaltverbrechen anzuklagen.

Viel zu wenig beachtet weltweit wird die lila Lücke. Diskriminierende Normen und Geschlechterstereotype behindern alle Frauen in der Weltgesellschaft. Die Influencerin ist wie das Modell, die Kassiererin, die Pflegekraft oder die Professorin Jagdobjekt und nicht frei von männlicher Geringschätzung. Diskriminierung kann schon in der Geringschätzung der Frau oder in der Missachtung von einem erhöhten Schutzbedürfnis der Frau sein. Alle UN-Staaten, so klagt der UN-Generalsekretär, investieren zu wenig in Gleichstellung und Anti-Diskriminierung. Das ist umso ärgerlicher, weil sich die heute existierenden Ungleichheiten und Diskriminierungen schon im Protestkanon der Ersten und Zweiten Frauenbewegung fanden und auf allen Weltfrauenkonferenzen angeprangert worden sind.

Frauenrechtskommission 2020 und Peking+25

Die Frauenrechtskommission beklagt im März 2020 die mangelnden Fortschritte zu 25 Jahre Peking 2020. Es klingt ein wenig hilflos und lächerlich, wenn sich 2020 die UN-Staaten erneut verpflichten, die Peking-Erklärung und Pekinger Aktionsplattform voll, effizient und beschleunigt umzusetzen. Dabei soll Artikel 5 der UN-Agenda für nachhaltige Entwicklung einbezogen werden, weil ohne Geschlechtergerechtigkeit und Gender Empowerment die Nachhaltigkeitsziele nicht erreicht werden können. Die Mitgliedstaaten zeigen sich betroffen darüber, dass die bisherigen Fortschritte nicht schnell und umfassend genug erfolgt sind, die Fortschritte ungleich sind und die Ungleichheit vergrößert worden ist. Strukturelle Barrieren hindern Frauen immer noch daran, die volle Gleichberechtigung zu erreichen. Die Feminisierung der Armut, die Feminisierung der globalen ökonomischen Ungleichheit und der Mangel an Entwicklungsfortschritten für Frauen bleiben Herausforderungen. Dabei sind Frauen wichtige Agenten für gesellschaftlichen Wandel.

Hervorgehoben wird die Notwendigkeit in allen «12 kritischen Gebieten» der Peking-Plattform tätig zu werden, weil die Herausforderungen größer geworden sind und die politische und ökonomische Teilhabe von Frauen nach wie vor unterentwickelt ist. Verschlechtert hat sich die prekäre Lage von Frauen in Bezug auf Arbeit, Umwelt, Medien und Menschenrechte.

Zu Recht fordert die Frauenrechtskommission die Beseitigung aller diskriminierenden Vorschriften, struktureller Barrieren, diskriminierender Normen und Geschlechterstereotypen und die Anerkennung der Gleichwertigkeit der Leistungen von Frauen. Auch die institutionelle Anerkennung von Geschlechtergleichheit in staatlichen Institutionen und der gleiche Zugang von Frauen zu Recht und öffentlichen Dienstleistungen wird gefordert. Es geht ihr auch um eine erhöhte Rechenschaftspflicht der Staaten in Bezug auf die Umsetzung der Verpflichtungen. Unterstrichen wird die Notwendigkeit, Frauen an technologischem Knowhow, Innovation und den Digitalisierungsfortschritten zu beteiligen.

Die UN-Generalversammlung 2020 hat das Jubiläum der Pekinger Aktionsplattform im September 2020 gewürdigt, aber keine neuen Verpflichtungen beschlossen. Dabei gibt es überall auf der Welt einen Push-Back von Frauen- und Menschenrechten. Autoritäre Regime und «starke Männer» werden mehr. Nationalistische, rechtspopulistische und frauenfeindliche Entwicklungen nehmen zu. Sie sind zerstörerisch für Demokratie und Menschenrechte. Gleichberechtigung und Gleichstellung von Frauen sind eine wesentliche Voraussetzung für eine freiheitliche Demokratie. Frauenverbände und Frauenorganisationen sind wichtiger denn je, um Frauenrechte durchzusetzen. Sie sind gefordert wie die UN und die Mitgliedstaaten, 2021 auf den Peking+25-Konferenzen ihre Umsetzungsversprechen wegen der Covid-19-Pandemie nachzuholen. Die neuen internationalen Frauenkonferenzen werden 2021 in Mexiko und in Frankreich stattfinden.

■ Neustart 2020: Generation Gleichheit

Das Generation-Equality-Forum bereitet die Zukunft von internationaler Frauenpolitik vor und wird das Forum im Rahmen der generationsübergreifende Kampagne «Generation Gleichberechtigung: Frauenrechte verwirklichen – für eine gleichberechtigte Zukunft» eine Bestandsaufnahme über die erzielten Fortschritte vornehmen. Ein konkretes Maßnahmenprogramm soll ausgearbeitet werden, mit dem die Geschlechtergleichstellung bis 2030 erreicht werden soll. Stattfinden wird das Forum in Form einer internationalen öffentlichen Debatte, mit der die Geschlechtergleichstellung gestärkt werden soll. Führungspersonen aus verschiedenen Bereichen (Zivilgesellschaft, öffentliche Hand, Unternehmen, Stadtverwaltungen, parlamentarische Versammlungen, Gewerkschaften, Jugend, Medien usw.) kommen zusammen, um an dem Forum teilzunehmen, bei dem generations- und akteursübergreifende Partnerschaften eine besondere Rolle spielen werden.

Das Forum soll dazu führen, dass konkrete Partnerschaften geschlossen werden und die Umsetzung der Aktionsplattform von Peking wie auch von Ziel 5 der UN-Agenda 2030 in Hinblick auf die Gleichstellung von Frauen und Männern wirksam durchgesetzt werden können. Diese UN-Initiative will die Errungenschaften der Pekinger Aktionsplattform und die Herausforderungen für Geschlechtergerechtigkeit in der heutigen Zeit kombinieren. Es gibt internationale Zusammenarbeit aus genderpolitischen Aspekten und neuen Netzwerkinitiativen. UN Women lädt zusammen mit den UN-Staaten Mexiko und Frankreich sowie der internationalen Zivilgesellschaft zu den sechs Aktionskoalitionen weltweit ein, um die kommenden Weltfrauenkonferenzen in Mexiko und Frankreich 2021 vorzubereiten. Immer geht es dabei um Diskriminierung und ihre Bekämpfung.

Diese Umsetzungsprozesse sollen folgende sechs Bereiche betreffen: Geschlechtsbasierte Gewalt, Wirtschaftliche Gerechtigkeit und Rechte, Selbstbestimmung über den eigenen Körper sowie sexuelle und reproduktive Gesundheit und Rechte, Feministisches Handeln für Klimagerechtigkeit, Technologie und Innovation, Feministische Bewegungen und Führung. Auf den zwei großen Konferenzen in Mexico City und Paris 2021 legen die jeweiligen Aktionskoalitionen ihre Vorschläge vor. Vertreterinnen von Regierungen und Zivilgesellschaft und UN Women erarbeiten Empfehlungen an die Weltgesellschaft und die UN.

Kapitel 2
Gleichheit durch Recht
Die UN-Frauenrechtskonvention und Europarecht

Die Frauenrechtskonvention: ein Glücksfall internationaler Frauenpolitik

Die internationale Frauenpolitik gründet sich auf eine bewegte Emanzipationsgeschichte. Menschenrechte wurden in früheren Jahrhunderten als Männerrechte definiert. Für die Anerkennung von Frauenrechten kämpften Olympe de Gouges, Mary Wollstonecraft und Harriet Taylor Mill. Nichtsdestotrotz dauerte es bis zur UN-Charta 1945, bis eine inklusive Gleichheit von Frauen und Männern beschlossen wurde. So heißt es in der Präambel der UN-Charta 1945: «Wir glauben an grundlegende Menschenrechte, die Würde des Menschen sowie an die gleichen Rechte von Männern und Frauen.» Hierfür hatten sich die wenigen Frauen bereits während der Zeit des Völkerbundes eingesetzt, als sie Mitglied des Expertenausschusses für den Rechtsstatus der Frauen 1937 waren. Es dauerte aber bis zur Menschenrechtserklärung, bis sie dieses Recht durchsetzen konnten. Die beiden zusätzlichen Menschenrechtspakte beschränken sich auf die formale Gleichheit von Frauen und

Männern. Damit galt das Diskriminierungsverbot nur für Situationen, die für Frauen und Männer gleich gelagert waren. Dabei konnten die Lage, die Erfahrungen und Bedürfnisse der Frauen nicht berücksichtigt werden.

Aufgrund der historischen und gesellschaftlichen Diskriminierung sind Frauen als Kategorie de facto in einer untergeordneten Position und haben wenig Macht und Einfluss im öffentlichen und privaten Leben. Diese systemische Diskriminierung von Frauen verlangte nach Antworten.

Mit dem internationalen Jahrzehnt der Frau und den Weltfrauenkonferenzen wurde die Dringlichkeit für die Verabschiedung einer UN-Frauenrechtskonvention deutlich, weil universale Menschenrechte nicht im gleichen Maße von Frauen und Männern geteilt werden konnten. Deswegen war es das Ziel einer neuen Konvention, die Genderperspektive in internationales Recht zu integrieren, und zwar als eigenes Recht.

Mit dem UN-Übereinkommen zur Beseitigung jeder Form von Diskriminierung der Frau gelang 1979 ein feministischer Überraschungsschlag und das modernste Rechtsinstrument einer internationalen Konvention, an der sich die Kinderrechtskonvention und die Behindertenkonvention ein Beispiel nahmen. Geschockt von der strukturellen Diskriminierung der Frau, stimuliert durch die internationalen Frauenbewegungen und unterstützt durch Frauenbewegungen, Parlamente und Regierungen weltweit gilt seitdem ein absolutes Diskriminierungsverbot gegen jede Frau, weil sie eine Frau ist. CEDAW setzt einseitig auf dieses Diskriminierungsverbot, weil eine Analyse der Weltlage damals und heute zeigt, dass Ursache und Wurzel der Frauendiskriminierung immer noch Geschlechterstereotype und nach Geschlecht ungleiche Sozial- und Kulturstrukturen sind. Damit greift die Konvention die UN-Charta, vor allem aber die Menschenrechtserklärung auf, die jedem Menschen die gleichen Rechte und die gleiche Würde zuspricht. Von den 193 UN-Mitgliedstaaten, haben nur die USA, Sudan, Iran, Somalia, Palau und Tonga die UN-Frauenrechtskonvention nicht ratifiziert. Zusätzlich ratifiziert haben die Nicht-UN-Staaten Palästina und die Cookinseln, somit 189 Staaten. Die Konvention trat am 3. September 1981 in Kraft.

Das Anliegen der Frauenrechtskonvention ist heute aktuell. Zur Begründung seiner Entscheidung zur Verleihung des Friedensnobelpreises 2011 an vier Frauen betonte das Nobelkomitee: «Es kann auf der Welt keine Demokratie und keinen dauerhaften Frieden geben, solange Frauen nicht dieselben Chancen wie Männer haben, auf Entwicklungen in allen Bereichen der Gesellschaft einzuwirken.» Das sagt die Frauenrechtskonvention in ihrer Präambel und buchstabiert sie in ihren substanziellen Artikeln aus. Sie benennt die Lebensbereiche, in denen die Diskriminierung von Frauen zu beseitigen ist – nämlich in Familie, Gesellschaft und Staat sowie auf der internationalen Ebene. Der CEDAW-Ausschuss hat durch seine Spruchpraxis und Empfehlungen an die Staaten einen maßgeblichen Beitrag zur Konkretisierung der staatlichen Pflichten geleistet. CEDAW ist als Menschenrechtsvertrag ausgestaltet und begründet nicht nur Pflichten von Staaten, sondern zugleich subjektive Rechte der Frauen.

Die Gleichstellung ist eine grundsätzlich strukturelle Gerechtigkeitsfrage. Da Diskriminierungen und Gewalt gegen Frauen vorrangig im privaten Bereich (vor allem in Ehe und Familie) auftreten, befinden sich Frauen in einer besonderen Gefährdungslage. In diesen privaten Bereich können die Menschenrechte nach ihrer traditionellen Stoßrichtung als Abwehrrechte gegen den Staat schwer eindringen. Dieser sollte staatsfrei bleiben. Die familiären Beziehungen wurden dem Kern der Privatsphäre zugerechnet, in die sich der Staat nicht einmischen sollte. Folglich lehnten es die Staaten lange ab, Regelungen zum Schutz von Frauen zu treffen und durchzusetzen. Darüber hinaus zeigte sich, dass Frauen, weil sie in vielen Gesellschaften der Welt als minderwertig angesehen wurden, kaum von Entwicklungshilfe, Alphabetisierung und wirtschaftlichem Fortschritt profitieren konnten. Diesem Rechtsverständnis widerspricht CEDAW. Die Konvention gründet sich auf das Konzept der substanziellen Gleichheit, weil Gesetze scheinbar neutral erscheinen, aber ungleiche Ergebnisse für Männer und Frauen bringen können. Schließlich haben Frauen geschichtlich-gesellschaftlich begründet nicht die gleiche Startposition wie Männer. Die Konvention setzt neben der rechtlichen Gleichstellung auf die Ergebnisgleichheit in Gesellschaft, Wirtschaft und Familie. Deswegen sind die UN-Staaten auch zu einer proaktiven Gleichstellungspolitik verpflichtet, die eine Gesetzgebung und ihre Durchsetzung auf die soziale Wirklichkeit der Frauen maßschneidert. Wichtig ist die Rechtsdurchdringung nicht nur für den öffentlichen, sondern vor allem für den privaten Bereich. Dieser umfasst nach herrschenden Rechtsverständnis auch die häusliche Gewalt gegen Frauen. Der Zugang zu Recht wird zu einer Schlüsselfrage.

Die Frauenrechtskonvention will durch Recht zu Gleichheit führen. Jede Verhaltensweise, die zu einer Aufrechterhaltung von Vorurteilen, Vorstellung von der Über- bzw. Unterlegenheit eines Geschlechts und von stereotypen Rollenverteilungen beiträgt, ist zu beseitigen. CEDAW und die Weltfrauenkonferenzen haben dazu beigetragen, dass 173 Staaten bezahlten Mutterschaftsurlaub haben, dass 139 Staaten die Geschlechtergleichheit in der Verfassung garantieren, dass 125 Staaten häusliche Gewalt bestrafen, dass 117 Staaten sexuelle Belästigung verfolgen, dass 117 Staaten Lohngleichheitsgesetze haben, dass 115 Staaten Frauen wie Männern gleiche Eigentumsrechte garantieren und, dass 93 Staaten Frauen wie Männern gleiche Erbrechte geben.

Die Frauenrechtskonvention ist innovativ, weil die Diskriminierungsdefinition über das herkömmliche Diskriminierungsverständnis hinausgeht. Danach muss die Ungleichbehandlung vorliegen, geschlechterbezogen sein, darf keinen zulässigen Zweck verfolgen und muss Frauen rechtlich oder tatsächlich benachteiligen. Zusätzlich ist auch jede mit dem Geschlecht begründete «Ausschließung oder Beschränkung», die eine gleichberechtigte Inanspruchnahme der Menschenrechte von Frauen verunmöglicht oder dieses bezweckt. Damit erkennt die Frauenrechtskonvention die unterschiedlichen Machtverhältnisse in der Gesellschaft an, weil Diskriminierung zur Festigung dieser Strukturen beitragen kann. Art. 3 CEDAW formuliert den Auftrag und den Zweck eines neuen Gleichheitsbegriffs. Damit begnügt sich die Frauenrechtskonvention nicht mit der Bekämpfung der Diskriminierung, sondern fordert Politiken und gesetzliche Maßnahmen, um Gleiches vergleichbar zu behandeln. Es geht um gleiche, identische und konsistente Umsetzung, damit der soziale und geschichtliche Zusammenhang jeweils berücksichtigt werden können und Ungleichheit wegen des Geschlechts nicht mehr legitimiert werden kann. Damit wurde der Ansatz der formellen Gleichheit überwunden. Dieser Fortschritt nützt, weil es nicht mehr notwendig ist, einen Vergleich herzustellen. Wenn Gleichheit bedeutet einem Mann vergleichbar zu sein, sind Gleichstellungsmaßstäbe nämlich nur männliche Maßstäbe.

Die Frauenrechtskonvention erlaubt ausdrücklich zeitweilige Sondermaßnahmen zur Beschleunigung auf dem Weg zur tatsächlichen Gleichheit. Sie unterscheidet equality von equity: Equity ist das Konzept von Verschiedenheit und Gerechtigkeit und ihrer Gleichwertigkeit. CEDAW stellt auf das zu achtende, zu schützende und zu gewährleistende Menschenrecht ab. Es geht um mehr als Fairness. Gender ist ein sozialer Schichtungsfaktor.

Ein besonderes Anliegen der Frauenrechtskonvention ist die Überwindung der Geschlechterstereotypen als Wurzel von Diskriminierung. In Artikel 5a werden die Verpflichtungen der Vertragsstaaten zur Beseitigung von Vorurteilen und Praktiken angesprochen. Sie beruhen auf der Vorstellung der Minderwertigkeit eines Geschlechts, der Überlegenheit eines Geschlechts oder auf stereotyper Rollenverteilung. Im Unterschied zu anderen Übereinkommen und Regelungen sieht die Konvention, dass Kultur und Tradition oftmals die Vorstellung verstärken, Frauen seien grundsätzlich anders als Männer und ihnen gegenüber minderwertig. Menschenrechte sind aber universal.

Kulturelle Traditionen dürfen nicht als Ausrede dafür benutzt werden, die Förderung und den Schutz aller Menschenrechte und grundlegenden Freiheiten zu umgehen. Die Beseitigung einschränkender kultureller Normen und Traditionen ist wichtig, weil sonst die rechtliche und faktische Gleichheit der Frau in Ehe und Familie nicht erreicht werden kann. Es geht der Frauenrechtskonvention um die Verwirklichung dessen, was die Allgemeine Erklärung der Menschenrechte in ihrem Art. 1 niedergelegt hat: «Alle Menschen sind frei und gleich an Rechten und Würde geboren.»

An die Menschenwürde als Grundlage für Menschenrechte, als Grundlage von Freiheit und Gleichheit und deren Verschränkung zu erinnern, mag pathetisch erscheinen. In einer Zeit zunehmender Ungleichheit in der Gesellschaft ist die Menschenrechtserklärung Mahnung und Herausforderung zugleich. Die Frauenrechtskonvention bezieht Position zur Gleichheit als Wert und Teil der Gerechtigkeitsziele, dem Fundament eines freiheitlichen Gemeinwesens. Das Gleichheitskonzept der UN-Konventionen stellt auf substanzielle Gleichheit ab, die zwar formale Gleichheit umfasst, aber sich auf das Ergebnis konzentriert und dabei die strukturelle Ungleichheit ernst nimmt. Damit soll die Überwindung jeglicher Diskriminierung erreicht werden. Schließlich ist Diskriminierung kein Randproblem, sondern schafft Hierarchien von Macht, Unterdrückung und Armut. Frauen gehören der Kategorie Frau an und damit einer Kategorie am unteren Ende der Hierarchie. Das gilt für alle Frauen, die aufgrund der sozialen Konstruktion von Gender benachteiligt werden.

Die Ziele der substanziellen Gleichheit sind: Würde und Selbstwertgefühl müssen durch das Ziel der Gleichheit gefördert werden. Substanzielle Gleichheit muss Ergebnisgleichheit gewährleisten und damit den Zyklus der Benachteiligung durchbrechen. Unterschiede und Nachteile müssen aufgefangen werden. Das funktioniert nur, wenn das gesellschaftliche Umfeld die Ursachen der Benachteiligung und Verwundbarkeit der Frauen anerkennt. Dieser Ansatz verlangt sozialen Wandel und Transformation. Vor allem gilt es die Unterrepräsentanz von Frauen in Entscheidungspositionen zu überwinden und den gleichen Machtzugang für Frauen durchzusetzen. Substanzielle Gleichheit ist mehrdimensional und will Chancengleichheit und Gleichwertigkeit, gleichen Zugang über proaktive Politiken und Programme, Umverteilung sowie nachhaltige Ergebnisgleichheit über institutionelle Reformen und ein die Frauen stärkendes Umfeld erreichen. Das Konzept der substanziellen Gleichheit kann die Wertekonflikte, insbesondere zwischen Gleichheit und Freiheit, nicht verstecken. Die Trennung in öffentliches und privates Leben gilt als angreifbar, weil sie historisch gewachsen ist. Sie ist nicht mehr akzeptabel.

Diese Trennung trägt zur Geringschätzung von Frauen und ihrer Einordnung auf einer niedrigeren Hierarchiestufe bei.

Recht hat diese Trennung zwischen öffentlicher und privater Sphäre noch vertieft und damit zur Herausbildung von Geschlechterstereotypen beigetragen. Hinzu kommt das kulturelle und gesellschaftliche Wertesystem, das vor allem Menschenrechte von Frauen im privaten Bereich bzw. im Bereich der Familie berührt. Das Konzept der substanziellen Gleichheit kann Wertekonflikte wie zum Beispiel zwischen Gleichheit und Freiheit nicht verstecken.

Wichtig ist dabei im Vergleich zu anderen Konventionen die rechtliche Klarheit. Im Gegensatz zu den EU-Normen und der EMRK kennt die Frauenrechtskonvention ein asymmetrisches Diskriminierungsverbot. CEDAW geht von der sozialen Wirklichkeit aus, in der überwiegend die Frauen von Diskriminierung betroffen sind. CEDAW erkennt sowohl biologische als auch sozial konstruierte Unterschiede zwischen den Geschlechtern an. Die CEDAW-Normen sind Staatenpflichten, begründen aber zugleich auch subjektive Rechte. CEDAW gilt für den öffentlichen und privaten Bereich. Ein proaktives Handeln der Staaten ist gefordert, um die Gleichberechtigung durchzusetzen und zu beschleunigen. Die Gewährleistungspflicht, Schutzpflicht und Respektierungspflicht sind Verpflichtungen aller.

Auch wenn alle Staaten unter den verheerenden sozialen und wirtschaftlichen Auswirkungen der COVID-19-Pandemie leiden, müssen sie die Zusammenhänge zwischen der Ungleichheit der Geschlechter und den Krisen berücksichtigen, insbesondere in den vom Klimawandel und Konflikten betroffenen Gemeinden. Die UN wollen die Erfahrungen aus der Covid-19-Pandemie nutzen, um das Risiko von Gewalt zu mindern und den Aufbau widerstandsfähiger, integrativer und friedlicher Gesellschaften zu unterstützen. «Die Klimakrise geht weit über das Klima hinaus, und ihre wirksame Bekämpfung erfordert Reaktionen, die sich mit den Zusammenhängen zwischen Geschlecht, Klima und Sicherheit befassen. Wir müssen sicherstellen, dass niemand zurückgelassen wird», sagte Inger Andersen, Exekutivdirektorin des UN-Umweltprogramms (UNEP), die die Studie gemeinsam mit UN Women, dem UN Development Program (UNDP) und der UN-Abteilung für politische und friedensfördernde Angelegenheiten (UNDPPA) verfasst hat. Der Bericht «Gender, Climate & Security: Sustaining Inclusive Peace on the Front Lines of Climate Change» enthält weltweite Fallstudien. Sie zeigen, wie Geschlechtsnormen und Machtstrukturen bestimmen, wie Frauen und Männer von Krisen betroffen sind und auf diese reagieren. Im Sudan und in Nepal beispielsweise hat der Klimawandel Männer gezwungen, ihre Dörfer zu verlassen, um anderswo Arbeit zu suchen, und Frauen dazu veranlasst, in heruntergekommenen Umgebungen mehr Haushaltsarbeit zu übernehmen. Andere Beispiele konzentrieren sich auf Risiken, denen Frauen in informellen Siedlungen in städtischen Gebieten ausgesetzt sind.

Gender-Analyse der Frauenrechtskonvention

Immer wieder wird betont, wie wichtig die Gender-Analyse ist. Immer wieder muss gefragt werden, ob bei sozialen Praktiken, Verhaltensweisen oder Gesetzen, die Beziehungen regeln, gefragt worden ist, ob dabei an Gender gedacht worden ist. Die Männerfrage stellen heißt, immer wieder zu analysieren, inwieweit die Lage und Unterordnung der Frauen durch Patriarchat und Männlichkeitswahn bestimmt sind. Dies ist eine Verpflichtung für alle Staaten und ist in der Präambel der Konvention sowie in Art.2f und 5a festgelegt. Dem CEDAW-Ausschuss obliegt die Aufsicht über die Umsetzung der Konvention obliegt dem Ausschuss für die Beseitigung der Diskriminierung der Frau, einer Gruppe von 23 unabhängigen Experten für Frauenrechte aus verschiedenen Staaten, die die Konvention ratifiziert haben. Länder, die der Konvention beigetreten sind, müssen alle vier Jahre Berichte vorlegen, in denen die Einhaltung der Bestimmungen der Konvention im Einzelnen dargelegt wird. Der Ausschuss (das Vertragsorgan) prüft diese Berichte und kann auch Beschwerden über Verletzungen anhören und Situationen schwerwiegender oder systemischer Verstöße gegen Frauenrechte untersuchen. Die Sonderberichterstatterin über Gewalt gegen Frauen 1994 beschlossen die Vereinten Nationen die Ernennung eines Sonderberichterstatters – eines unabhängigen Experten – über die Ursachen und Folgen von Gewalt gegen Frauen. Die Sonderberichterstatterin untersucht und beobachtet die Gewalt gegen Frauen und empfiehlt und fördert Lösungen zu ihrer Beseitigung. Im Jahr 2010 richtete der Menschenrechtsrat eine Arbeitsgruppe zur Frage der Diskriminierung von Frauen in Recht und Praxis ein, um die Beseitigung von Gesetzen zu fördern, die Frauen diskriminieren.Die Gender-Analyse und die Diskriminierungsinterpretation vom CEDAW-Ausschuss haben dazu beigetragen, das internationale Diskriminierungsverständnis zu verbessern. Seine Interpretation, insbesondere in der Spruchpraxis vom CEDAW-Ausschuss bei den Individualbeschwerden in Bezug auf Gewalt gegen Frauen haben es möglich gemacht, auf ein breiteres und vertieftes Verständnis für Diskriminierung zurückgreifen zu können. Es ist allerdings bedauerlich, dass der Ausschuss in

Individualverfahren praktisch nur mit Fällen der Gewalt gegen Frauen befasst gewesen ist. Anhängig sind vermehrt Abschiebungsfälle. 54 Verfahren waren im Januar 2019 anhängig.

■ Rechtsgleichheit kann zu Gleichheit beitragen

Rechtsgleichheit ist ein erster wichtiger Schritt auf dem Weg zur Gleichstellung der Geschlechter. Sie reicht aber nicht aus, um Frauen die gleichen Lebenschancen wie Männern zu sichern. Frauen sind – anders als Männer – zusätzlich strukturell bedingten Diskriminierungen ausgesetzt, die komplexe gesellschaftliche, wirtschaftliche und kulturelle Ursachen haben.

Diese diskriminierenden Strukturen sind tief in den jeweiligen Gesellschaften verwurzelt und im Bewusstsein von Männern wie Frauen verankert. Aufgrund dieser strukturellen Diskriminierungen sind Frauen im öffentlichen und wirtschaftlichen Leben weniger präsent als Männer.

Der innovative Charakter der Konvention zeigt sich beim Verständnis von Diskriminierung. CEDAW verbindet das klassische Diskriminierungsverständnis wie in Art. 3 Absatz 2 GG mit neuen Konzepten. Das klassische Diskriminierungsverständnis geht davon aus, dass eine Ungleichbehandlung vorliegt, diese geschlechtsbezogen ist und nicht gerechtfertigt werden kann, also keinen zulässigen Zweck verfolgt, die Frauen folglich rechtlich und faktisch benachteiligt und so eine unmittelbare oder mittelbare Diskriminierung ist. Die Konvention will jegliche Diskriminierung verbannen, indem sie Frauen die gleiche Anerkennung, den gleichen Genuss und die gleiche Anwendung von allen Menschenrechten und Grundfreiheiten in Politik, Wirtschaft, Soziales, Kultur, Bürgerrechte, Häuslicher Umgebung und in allen anderen Bereich garantiert – unabhängig vom Familienstand und auf der gleichen Ebene mit Männern. Die Konvention bezieht sich dabei auf «sex» und die biologischen Unterschiede zwischen Frauen und Männer, deckt aber auch gender und das soziale Geschlecht ab, weil Artikel 1 in Zusammenhang mit Art. 5a gesehen werden muss. Selbst eine neutrale oder identische Anwendung kann daher diskriminierend sein. Deswegen ist Artikel 2 im Zusammenhang mit den Artikeln 3, 4, 5, und 24 so wichtig für die Umsetzung der Konvention.

Art. 1 des CEDAW-Übereinkommens definiert den Begriff der «Diskriminierung der Frau» als «jede mit dem Geschlecht begründete Unterscheidung, Ausschließung oder Beschränkung, die zur Folge oder zum Ziel hat, dass die Anerkennung, Inanspruchnahme oder Ausübung der Menschenrechte und

Grundfreiheiten durch die Frau ... im politischen, wirtschaftlichen, sozialen, kulturellen, staatsbürgerlichen oder jedem sonstigen Bereich beeinträchtigt oder vereitelt wird». Daran wird deutlich, dass nicht nur die beabsichtigte Diskriminierung, sondern auch die Diskriminierung in der Wirkung, also auch die unbeabsichtigte oder indirekte Diskriminierung, vom Diskriminierungsverbot erfasst sind. Diese Definition wird auch vom Europäischen Gerichtshof angewandt, sodass die Begrifflichkeit der indirekten Diskriminierung ausdrückliche Bestätigung erfuhr. Erstmals entschied der EuGH am 06.12.2007, dass es eine Diskriminierung von Frauen darstellt, wenn die Mehrarbeit von Teilzeitbeschäftigten geringer vergütet wird als die von Vollzeitbeschäftigten, da Teilzeitarbeit mehrheitlich von Frauen ausgeübt wird und diese Entgeltdiskriminierung damit faktisch insbesondere Frauen benachteiligt. Die allgemeinen Empfehlungen Nummer 25 und 28 haben deutlich gemacht, dass das Recht auf Gleichheit breit ausgelegt werden soll und dass alle Gleichheitstheorien in der Frauen-Konvention ihren Platz haben.

Diskriminierung ist verboten, Gleichbehandlung ist geboten

Alle internationalen Menschenrechtsinstrumente verbieten Diskriminierung und gebieten Gleichstellung. Darin kommt zum Ausdruck, wie schon in Artikel 1 der Menschenrechtserklärung, der UN-Charta und den Menschenrechtspakten, dass alle Menschen gleich sind an Rechten und an Würde und dass kein Mensch schutzwürdiger ist als der andere. Verpflichtungen zum Schutz vor Diskriminierungen ergeben sich sowohl aus den Menschenrechten als auch aus dem Recht der EU. Das gilt insbesondere für die Geschlechtergerechtigkeit und die Achtung der Rechte von Frauen, die weltweit im Zeichen der Covid-19-Krise zu mehr Geschlechterungleichheit durch Frauendiskriminierung führt.

Die Gleichstellung der Geschlechter steht im Mittelpunkt der Menschenrechte und der Werte der Vereinten Nationen. Ein grundlegendes Prinzip der Charta der Vereinten Nationen, die 1945 von führenden Politikern der Welt angenommen wurde, ist die Gleichberechtigung von Mann und Frau. Der Schutz und die Förderung der Menschenrechte von Frauen liegen in der Verantwortung aller Staaten. Die Hochkommissarin für Menschenrechte hat sich vor kurzem als Genfer Gender-Champion verpflichtet, die Gleichstellung der Geschlechter im Menschenrechtsausschuss und in internationalen Foren voranzutreiben. Millionen von Frauen weltweit werden heute weiterhin diskriminiert. Gesetze und Politiken verbieten Frauen den gleichberechtigten Zugang zu Land, Eigentum und Wohnraum. Die wirtschaftliche und soziale Diskriminierung führt zu weniger und schlechteren Lebensentscheidungen für Frauen und macht sie damit anfällig für Menschenhandel. Von der geschlechtsspezifischen Gewalt sind mindestens 30 % der Frauen weltweit betroffen. Ihnen werden ihre Rechte auf sexuelle und reproduktive Gesundheit verweigert. Frauen, die sich aktiv für die Frauenmenschenrechte einsetzen werden von ihren Gemeinschaften geächtet und als Bedrohung für Religion, Ehre oder Kultur angesehen. Die entscheidende Rolle der Frauen für Frieden und Sicherheit wird oft übersehen, ebenso wie die besonderen Risiken, denen sie in Konfliktsituationen ausgesetzt sind. Darüber hinaus sind einige Gruppen von Frauen zusätzlich zu ihrem Geschlecht mit verschärften Formen der Diskriminierung konfrontiert – aufgrund von Faktoren wie Alter, ethnischer Zugehörigkeit, Behinderung oder sozioökonomischem Status.

Um die Menschenrechte von Frauen wirksam zu gewährleisten, bedarf es nicht nur eines umfassenden Verständnisses der gesellschaftlichen Strukturen und Machtverhältnisse, die nicht nur Gesetze und Politik, sondern auch die Wirtschaft, die soziale Dynamik und das Familien- und Gemeinschaftsleben bestimmen. Schädliche Geschlechterstereotypen müssen abgebaut werden, sodass Frauen nicht mehr im Licht dessen betrachtet werden, was Frauen «tun sollten», sondern als das gesehen werden, was sie sind: einzigartige Individuen mit ihren eigenen Bedürfnissen und Wünschen.

Der internationale Rahmen

Diskriminierung aufgrund des Geschlechts ist in fast allen Menschenrechtsverträgen verboten, einschließlich des Internationalen Pakts über bürgerliche und politische Rechte und des Internationalen Pakts über wirtschaftliche, soziale und kulturelle Rechte, die in ihrem gemeinsamen Artikel 3 das Recht auf Gleichheit von Männern und Frauen bei der Ausübung aller Rechte festschreiben. Darüber hinaus gibt es Verträge wie die Frauenrechtskonvention und Expertengremien, die sich speziell der Verwirklichung der Menschenrechte von Frauen widmen, um Diskriminierung zu verhindern und Gleichstellung durchzusetzen. Weitere Beispiele sind die UN-Anti-Rassismus-Konvention (ICERD), die UN-Frauenrechtskonvention (CEDAW) oder die UN-Behindertenrechtskonvention (CRPD). Ein bereichsspezifisches Abkommen ist zum Beispiel das Abkommen der Internationalen Arbeitsorganisation (ILO) Nr. 111 über Diskriminierung in Beschäftigung und Beruf. Das allgemeine Diskriminierungsverbot folgt aus der Menschenwürde, die jedem Menschen gleichermaßen zukommt, und steht deshalb von Anfang an im Zentrum menschenrechtlichen Denkens. Im Rahmen gesellschaftlicher Lernprozesse hat sich die Sensibilität für Diskriminierungen in den letzten Jahrzehnten erheblich erhöht. Diese positive Entwicklung zeigt sich in einer Ausweitung der ausdrücklich genannten Diskriminierungsmerkmale, in der Thematisierung nicht nur von direkter, sondern auch von indirekter Diskriminierung, um effektiven rechtlichen Schutz auch vor Diskriminierungen durch Private gewährleisten zu können. Formal abstrakt gefasst meint Diskriminierung die Verwendung von kategorialen – also vermeintlich trennscharfen Unterscheidungen – zur Herstellung, Begründung und Rechtfertigung von Ungleichbehandlung mit der Folge der gesellschaftlichen Benachteiligung.

Diskriminierungsverboten kommt als Strukturprinzip des Menschenrechtsschutzes eine besondere Bedeutung zu, denn das Diskriminierungsverbot ist unverzichtbarer Bestandteil aller Menschenrechte. So ist beispielsweise das Recht auf Gesundheit oder die Meinungsfreiheit vom Staat ohne Unterscheidung, etwa aus Gründen der Herkunft oder des Geschlechts, zu achten, zu schützen und zu gewährleisten. Diskriminierungsverbote sollen die Ausübung gleicher Freiheit für alle Menschen sichern. Ausgangspunkt des Diskriminierungsschutzes bildet die Menschenwürde, denn durch Diskriminierungen wird Menschen ihr Wert- und Achtungsanspruch verweigert. Die Achtung der gleichen Würde aller Menschen bildet den tragenden Grund der universell geltenden, also jedem Menschen allein aufgrund seiner Existenz als Mensch und um seine Würde willen zukommender Menschenrechte. Das Diskriminierungsverbot und das Gleichbehandlungsgebot sind darüber hinaus Strukturprinzipien des Menschenrechtsschutzes, weil sie eine Verpflichtung enthalten, die sich auf jedes Menschenrecht bezieht. Unterschiedliche Vorstellungen von Gleichheit und Gerechtigkeit haben Eingang in das Antidiskriminierungsrecht gefunden, sodass sich vier Generationen von Antidiskriminierungsrecht ausmachen lassen, nämlich Verfassungsrechtliche und primärrechtliche Diskriminierungsverbote, individuell einklagbare Rechte auf Nichtdiskriminierung und Gleichbehandlung, Maßnahmen zum Nachteilsausgleich und das proaktive Antidiskriminierungsrecht.

Die ratifizierenden Staaten sind Adressaten von menschenrechtlichen Diskriminierungsverboten. Es stellt sich allerdings die Frage, ob der Staat angehalten ist, lediglich selbst keine Diskriminierung vorzunehmen oder diese auch von privaten Akteuren zu unterbinden hat. Selbstständige Diskriminierungsverbote der UN-Frauenrechtskonvention umfassen Diskriminierungen aufgrund bestimmter Merkmale, also ohne Begrenzung auf einen bestimmten Bereich. Artikel 26 Zivilpakt lautet beispielsweise: «Alle Menschen sind vor dem Gesetz gleich und haben ohne Diskriminierung Anspruch auf gleichen Schutz durch das Gesetz. In dieser Hinsicht hat das Gesetz jede Diskriminierung zu verbieten und allen Menschen gegen jede Diskriminierung, wie insbesondere wegen der Rasse, der Hautfarbe, des Geschlechts, der Sprache, der Religion, der politischen oder sonstigen Anschauung, der nationalen oder sozialen Herkunft, des Vermögens, der Geburt oder des sonstigen Status, gleichen und wirksamen Schutz zu gewährleisten.»

Jede Diskriminierung zählt: Indem die Definitionen auf «jede» Diskriminierung verweisen und neben den «politischen, wirtschaftlichen, sozialen, kulturellen, bürgerlichen» Bereichen auch jeder «sonstige» bzw. «andere» Bereich genannt wird, werden auch ausdrücklich Diskriminierungsformen mit umfasst, die nicht im jeweiligen Vertragstext genannt werden. Beispielsweise interpretierte der CEDAW-Ausschuss der Frauenrechtskonvention in der Allgemeinen Empfehlung Nr. 19 zu Gewalt gegen Frauen (Januar 1992), dass das Abkommen Gewalt gegen Frauen als Diskriminierungstatbestand beinhaltet, obwohl dieses Phänomen im Vertragstext an keiner Stelle erwähnt ist. Auch der Europäische Gerichtshof für Menschenrechte (EGMR) hat in seiner Rechtsprechung den fehlenden Schutz durch staatliche Stellen vor häuslicher Gewalt als Geschlechterdiskriminierung anerkannt.

Diskriminierungsschutz geht über die Herstellung formaler Gleichberechtigung hinaus. Es geht um die Gewährleistung gleicher Möglichkeiten zur tatsächlichen Ausübung von Menschenrechten. Daraus ergibt sich, dass auch indirekte Formen von Benachteiligung und strukturelle Diskriminierung vom menschenrechtlichen Diskriminierungsschutz umfasst sind.

Nichtdiskriminierung bezieht sich dabei auf die Gleichheit vor dem Gesetz, aber auch auf den faktischen Zugang zu zentralen sozialen Diensten, Ressourcen und soziale Sicherung. Menschenrechtlich verstandene Partizipation ermöglicht es dem Menschen, auch gesellschaftliche Rahmenbedingung mit zu gestalten.

Geschlechterstereotypen fördern Ungleichheit und Diskriminierung

Die Frauenrechtskonvention sieht in Geschlechterstereotypen die Wurzel für Diskriminierungen. Geschlechterstereotypen schaffen ein lila Ghetto, weil sie ein Geschlecht typisieren und abstempeln. Menschen werden verallgemeinert gesehen, weil sie Frauen oder Männer sind. Sie sind gekennzeichnet durch Vorurteile über Eigenschaften, Rollen oder Geschlechterstereotype. Geschlechterstereotype wirken besonders negativ, wenn sich mit anderen Stereotypen überschneiden und damit Mehrfachdiskriminierung bewirken. Sie wirken nicht positiv, sondern diskriminieren, weil sie Vorurteile bestätigen, die das jeweils andere Geschlecht im Verhältnis zu Frauen prägt. Damit tragen sie zu Ungleichheit und Geschlechterungerechtigkeit bei. Dabei werden zu viele Diskriminierungen immer noch als natürlich, gottgewollt oder kulturspezifisch angesehen. Geschlechterstereotype sind die Wurzel jeglicher Diskriminierung, die eine Menschenrechtsverletzung ist. Die Menschenrechtserklärungen und die entsprechenden UN-Konvention verbieten Geschlechterstereotype, die Menschen daran hindern, ihre Menschenrechte wahrzunehmen und verpflichten Staaten, Maßnahmen durchzuführen, um Geschlechterstereotype in der Gesellschaft zu überwinden.

Staaten sind verpflichtet, die Diskriminierung von Frauen und Männern in allen Bereichen ihres Lebens zu beseitigen. Deswegen müssen Staaten Maßnahmen ergreifen, um Geschlechterstereotype sowohl im öffentlichen als auch im privaten Leben zu überwinden. Ein grausames Beispiel für unrechtmäßige Geschlechterstereotypen ist das Versäumnis, Vergewaltigungen in der Ehe zu kriminalisieren, weil es auf der gesellschaftlichen Wahrnehmung von Frauen als sexuellem Eigentum von Männern beruhen. Auch fehlt es deswegen an Maßnahmen, sexuelle Gewalt gegen Frauen wirksam zu untersuchen, zu verfolgen und zu verurteilen. Zugleich haben die Geschlechterstereotypen auch Auswirkungen auf die soziale Wirklichkeit und sind für die Frauendiskriminierung verantwortlich, die sich bei der Lohn- und Rentenlücke, bei der Verteilung der prekären Arbeit, bei der geschlechtsspezifischen Berufswahl, bei der Feminisierung von Armut und jeglichen Formen von Gewalt zeigen.

Deswegen hat die Frauenrechtskonvention bereits 1979 die Schädlichkeit von Geschlechterstereotypen herausgestellt und die Staaten verpflichtet, zu ihrer Beseitigung beizutragen. Diese Verpflichtung betont auch die Aktionsplattform von Peking 1995. Die Spruchpraxis zur Frauenrechtskonvention in Bezug auf Staatenberichte und Individualbeschwerden betont immer wieder die diskriminierende Wirkung von Geschlechterstereotypen in den Mitgliedstaaten. So wird den Philippinen vorgeworfen, dass sie gegen die Frauenrechtskonvention verstoßen, weil sie die Ansicht aufrechterhalten, dass Frauen in erster Linie als Mütter und Sorgearbeiterinnen tätig sind und es deswegen gerechtfertigt sei, Frauen den Zugang zu Empfängnisverhütung zu untersagen. Genderstereotype behindern Frauen, weil sie ihre Menschenrechte nicht voll realisieren können. Sie sind in allen Fragen der Reproduktion, der Familienbeziehungen, der Sexualbeziehungen, aber auch in Fragen der Identität zu finden. Geschlechterstereotype, die sich mit anderen Stereotypen zusammensetzen und überschneiden, wirken sich überproportional negativ auf Frauen aus, vor allem bestimmte Frauengruppen wie Migrant:innen oder ethnische Minderheiten aus und grenzen sie aus.

Ein Geschlechterstereotyp ist nämlich schädlich, wenn es Menschen einschränkt- in Gesellschaft, Wirtschaft, Arbeitswelt und in den privaten Beziehungen. Immer wieder wird die Mutterrolle, die Fürsorglichkeit von Frauen betont. Selbst in europäischen Ländern wie Irland, Polen und Ungarn heißt es noch in der Verfassung, dass die Mutterschaft zu beachten ist. Es wird unterstellt, dass Frauen besser pflegen, besser als Männer. Diese Bewertung ist ein Beispiel dafür, dass Stereotype dafür sorgen, dass Sorgearbeit überwiegend Frauen zugeschrieben wird. Nach einer Eurobarometer-Umfrage 2017 sind 44 % Europäer:innen der Ansicht, dass sich Frauen hauptsächlich um Haushalt und Familie kümmern sollen. 43 % glauben, dass Geldverdienen die Hauptaufgabe von Männern ist. Dabei spielen auch religiöse und ideologische Vorstellungen und Überzeugungen eine Rolle, die von einem männerbestimmten Menschenbild ausgehen. Weltweit wird der Mann immer noch als Ernährer der Familie angesehen, obwohl das Einkommen der Frauen überall gebraucht wird. Es gibt viele Beispiele für Geschlechterstereotype und viele Frauen haben die durch sie bedingte Diskriminierung als Mädchen, Teenager und Frauen erfahren müssen. Allerdings gibt es nur in wenigen Staaten ein Regierungshandeln. Die Europäische Kommission hat einige untaugliche Versuche unternommen, um die Gleichstellungsprogramme durch Antidiskriminierungs- und Anti-Geschlechterstereotypen zu beleben. Bis heute gibt es weder auf internationaler noch regionaler oder nationaler Ebene Initiativen, um flächendeckend Geschlechterstereotype zu beseitigen.

Kultur und Religionen rechtfertigen keine Frauendiskriminierung

Kultur und Religionen können Geschlechterstereotypen prägen. Das hat Auswirkungen auf Essen- und Trinkgewohnheiten, Heiratsbräuche, Bodeneigentum, Erbrecht, bürgerliche Mündigkeit, Partizipation. Kulturelle Barrieren diskriminieren und behindern Frauen. Deswegen wurden Staaten durch den CEDAW-Ausschuss wegen der Frauenrechtskonvention mehrfach gemahnt,

Frauendiskriminierung durch Geschlechterstereotype zu vermeiden. Dabei geht es um die karibische und lateinamerikanische Machismo-Kultur genauso wie um Schutzgesetze für Frauen, die mit Mutterschaft zusammenhängen und die gleichberechtigte Erwerbstätigkeit der Frau bzw. die freie Berufswahl der Frau behindern. Auch das Beharren auf dem Geschlechterstereotyp vom Mann als Ernährer und Oberhaupt der Familie wurde als Quelle von Diskriminierung entlarvt. Insofern kann Kultur die Geschlechterungerechtigkeit vertiefen. Kultur kann aber auch zu ihrer Überwindung beitragen.

Schon Aristoteles war sich für Männerherrschaft und die damit verbundene Diskriminierung der Frau nicht zu schade. Aristoteles formte das Gegensatzpaar von männlich-aktiver Gestaltung der Gesellschaft und weiblich-passivem Erleiden der Gesellschaft. Zwei Jahrtausende später folgte ihm Rousseau, der Frauen als Existenzberechtigung zuschrieb, «zu gefallen». Selbst Hegel ließ sich dazu hinreißen, die Frau mit einer Pflanze und den Mann mit einem Tier zu vergleichen. Viele Philosophien erdreisteten sich, eine Hierarchie der Geschlechter zu etablieren, Frauen und Männer auf geschlechtsspezifische Rollen festzulegen, Frauen zu diskriminieren. Simone de Beauvoir hielt in ihrem Lebenswerk *Das andere Geschlecht* dagegen: Eine Frau wird nicht als Frau geboren. Sie wird zur Frau gemacht.

Die Menschenrechtserklärungen und Menschenrechtskonventionen stellen klar, dass Menschen- und Frauenrechte unteilbar und universal sind. Sie dürfen daher auch nicht über Kultur und Religionen diskriminiert werden. Kultur beeinflusst maßgeblich Geschlechteridentitäten und daher auch Geschlechterstereotypen. Kultur ist intrinsisch in Bezug auf die menschliche Existenz. Alle Kulturen sind menschengemacht und verändern sich entsprechend, wenn Menschen diese Veränderung wollen. Alle Kulturen haben eine lebendige Tradition und Zukunft. Wenn Menschenrechte betroffen sind, muss es einen kulturellen Wandel geben.

Fast alle Religionen kennen die Diskriminierung der Frau durch Geschlechterstereotype. Die Frau hat eine niedrigere gesellschaftliche Stellung, weil sie dem Mann nicht ebenbürtig ist. So heißt es für das Christentum in der Bibel bei Epheser 5,22–24: «Die Frau sei untertan ihren Männern als Herrn. Denn der Mann ist des Weibes Haupt.» Für den Islam stellt die Sure 4, Vers 34 fest: «Die Männer stehen über den Frauen, weil Allah einem Teil (der Menschheit) den Vorzug vor dem anderen gegeben hat. (...) Die Frauen aber, deren Widerspenstigkeit ihr befürchtet, ermahnt, meidet sie im Ehebett und straft sie.» Der Konfuzianismus stellt fest: «Hundert Mädchen sind nicht so viel wert wie ein Junge.» Im Gesetzbuch des Manu legt sich der Hinduismus fest: «In ihrer Kindheit muss eine Frau ihrem Vater gehorsam sein, in ihrer Jugend dem Ehemann und als Witwe ihren Söhnen. Eine Frau darf niemals Unabhängigkeit genießen.»

Sicherlich haben sich in Kultur und Religion viele Frauenmenschenbilder verändert und die Rechte der Frauen werden vielfach anerkannt, aber es gibt immer noch fundamentalistische religiöse Bewegungen, die weitere Fortschritte gegen Frauendiskriminierung vereiteln. Insofern trägt auch Religion zu Geschlechterstereotypen in einer Gesellschaft bei.

Globale Menschenrechtsgerechtigkeit gegen Diskriminierung durch Frauenmenschenrechte

Die internationalen Konventionen und Resolutionen verpflichten alle staatlichen Institutionen dazu, Geschlechtergleichheit durch Überwindung der Geschlechterstereotypen zu respektieren. Sie müssen sicherstellen, dass Geschlechterstereotype nicht eine Diskriminierung und Frauenmenschenrechtsverletzungen zur Folge haben und dass alle Menschen ihr Leben frei von falschen Geschlechterstereotypen führen können. Geschlechterstereotypen sind die Wurzel von Diskriminierungen. Gefährliche Geschlechterstereotypen sind virulent und behindern Geschlechtergerechtigkeit, nehmen sogar zu – trotz aller Gleichstellungserfolge.

Autonomie war eine Losung der weltweiten Frauenbewegung. 2020 halten sich hartnäckig Geschlechterstereotype über die Emotionalität und Sexualität der Frau. Vorurteile gehen so weit, dass Roma-Frauen in einigen Staaten wie behinderte Frauen sterilisiert werden und Frauen Verhütungsmitteln verwehrt werden, weil ihnen unterstellt wird nicht verantwortungsbewusst genug zu sein. Gerade die Abtreibungsdebatte hat Vorurteile über die wilde Sexualität der Frau, die noch von genderspezifischen Vorurteilen wie dem Philosophen Schopenhauer stammt, aufblühen lassen. Auch hier haben Geschlechterstereotype eine unheilvolle Rolle gespielt, weil sie postulieren, dass Frauen nicht in der Lage seien, ihre eigenen Entscheidungen zu fällen und Männer daher die Macht und Gewalt des Strafrechts für das Verbot der Abtreibung mobilisieren müssen.

Frauen können sich auf die UN-Frauenrechtskonvention stützen, die bereits 1979 alle Staaten darauf verpflichtete, «alle geeigneten Maßnahmen zu treffen, um einen Wandel in den sozialen und kulturellen Verhaltensmustern von Mann und Frau zu bewirken, um so zur Beseitigung von Vorurteilen sowie von herkömmlichen und sonstigen auf der Vorstellung von der Unterlegenheit und Überlegenheit des einen oder anderen Geschlechts oder der stereotypen Rollenverteilung von Mann und Frau beruhenden Praktiken zu gelangen».

Die weltweiten Frauennetzwerke und vernetzten nationalen und regionalen Nichtregierungsorganisationen haben ihren Anteil an dem Fortschritt für Frauenmenschenrechte. Selbst die Agenda 2030 zur nachhaltigen Entwicklung und Gleichstellung der Frauen wäre ohne ihre Interventionen nicht möglich gewesen. Stark waren die Widerstände konservativer Regierungen, wie z.B. von Großbritannien. Noch stärker waren aber die Frauen, die nicht nur in tausend grenzübergreifenden Netzwerken und vor den UN in New York 2015, sondern auch bei nationalen Regierungen vor Ort für eine inklusive nachhaltige Entwicklung eintraten. Eine nachhaltige Entwicklung kann nicht gelingen, wenn Geschlechtergerechtigkeit und Gender Empowerment fehlen. Frauennetzwerke setzten das Ziel 5 durch, das auf ein Ende der Frauendiskriminierung, aber gleichzeitig auf die Genderperspektive in den 17 Zielen der UN-Agenda 2030 für nachhaltige Entwicklung setzt, um eine nachhaltige Entwicklung für alle möglich zu machen.

Gleicher Zugang zu Recht und Justiz

Beim Zugang zu Gerechtigkeit in der Justiz gibt es viele Barrieren für Frauen. Diese Barrieren reichen von der Verpflichtung Familien- oder Gemeinschaftsmitglieder um Erlaubnis zu Fragen bis zu der Tatsache, dass Frauen als Zeuginnen nicht den Männern gleichwertig gestellt sind. Auch wenn in den OECD-Staaten wie Deutschland diese Hürden angeblich nicht mehr bestehen, sind sie in allen Gesellschaften und Kulturen relevant. Die gleiche Würde der Frau ist nicht anerkannt. Es fehlen Maßnahmen, die gleiche Bedingungen zwischen Frauen und Männern herstellen, während sie ihr Verfahren vorbereiten, führen und auch für die Zeit nach dem Ende des Verfahrens. Zur Vermeidung von systematischen Fehlern bei Untersuchungen auch in Bezug auf Beweismittel, Hindernisse bei der Sammlung von Beweismitteln, die bei der steigenden Verletzung von Frauenmenschenrechten vorkommen, fehlen Maßnahmen.

Von Bedeutung ist auch der Schutz von Frauen und Mädchen vor der Interpretation von religiösen Texten und traditionellen Normen, die Frauen daran hindern, Gerechtigkeit bei Diskriminierungen zu suchen. Das Nebeneinander von staatlichen Gesetzen und traditionellen Rechtsnormen benachteiligt in der Regel Frauen beim Zugang zu Recht. Staaten, die hiergegen nicht proaktiv vorgehen, verstoßen gegen Art. 2 von CEDAW. Die Allgemeine Empfehlung 33 sieht Gleichheit vor dem Gesetz und den gleichen Zugang zu Recht als zwingend notwendig für die Umsetzung von CEDAW an. Der Grundsatz Gleichheit vor dem Gesetz wird durch plurale Rechtssysteme erschwert.

Art. 5 a der CEDAW-Konvention verpflichtet alle Staaten, alle sozialen und kulturellen Hindernisse unter Einbeziehung der Genderstereotype zu beseitigen, die Frauen daran hindern, ihre Rechte einzufordern und die ihren Zugang zu effizienten Sanktionen bzw. Entschädigungen behindern. Ein angemessener politischer und gesetzlicher Ordnungsrahmen, Schutzmaßnahmen gegen die Diskriminierung von Frauen werden gefordert. Gebraucht werden Maßnahmen, die verletzten Frauen die Möglichkeit geben, ihre Ungleichbehandlung zu benennen und ihre Rechte durchzusetzen. Rechtssysteme müssen die Anliegen der Frauen umfassend durchsetzen. Die Durchsetzung von Frauenrechten verlangt den ungehinderten Zugang zu Justiz sowie die Fähigkeit, Rechte im Rahmen der Konvention als Rechtstitel durchzusetzen. Hinzukommt die Verfügbarkeit von Justiz. Gerichte und Verwaltungen oder Polizei müssen auch für Frauen erreichbar sein. Alle Rechtssysteme müssen sicher, bezahlbar und physisch für Frauen erreichbar sein.

Europäische Menschenrechtskonvention

Die Europäische Menschenrechtskonvention von 1950 untersagt die Diskriminierung aufgrund des Geschlechts (Artikel 14). Die Diskriminierung aufgrund des Geschlechts, liegt nicht nur vor, wenn die bezweckte oder bewirkte Benachteiligung an die Zugehörigkeit zu einem biologischen Geschlecht anknüpft, sondern auch bei der Anknüpfung an geschlechtliche Zuschreibungen oder Erwartungen. Diskriminierungsverbote sind die unverzichtbare Grundlage für die Achtung der Menschenrechte und Grundfreiheiten aller Menschen und den gleichberechtigten Genuss dieser Rechte und Freiheiten. Allerdings enthält die Konvention vor allem Freiheitsrechte und verbietet Geschlechterdiskriminierung nur in Bezug auf die bürgerlichen und politischen Rechte, ist also weniger weitgehend als die UN-Charta und die UN-Menschenrechtserklärung und -pakte.

Wichtig bleibt der menschenrechtliche Charakter des Verbots der Geschlechterdiskriminierung in Artikel 14 Europäische Menschenrechtskonvention. Allerdings spricht Artikel 14 erst durch das im Jahr 2000 verabschiedete Protokoll Nr. 12 ein allgemeines Diskriminierungsverbot aus. Die sehr allgemein gehaltene Fassung wird durch das Protokoll Nr.12 von 2000 nicht konkretisiert. Der Gerichtshof selbst sieht die Menschenrechtskonvention in ihrer Ausformulierung kritisch, hält sie aber für ein lebendiges Instrument, das sich den gesellschaftlichen Entwicklungen anpasst. Zu Recht verlagert die menschenrechtliche Debatte deswegen den Schwerpunkt auf die Frage, ob es nicht besonderer Schutzinstrumente bedarf, um auf Menschenrechtsverletzungen gegenüber Frauen schneller und wirksamer reagieren zu können. Wenige Urteile beschäftigen sich bisher mit der Diskriminierung der Frauen durch Mitgliedstaaten. In zwei Fällen ging es um Vollverschleierung im Öffentlichen Raum. Die Rechtsprechung des Europäischen Gerichtshofs für Menschenrechte zur Geschlechtergerechtigkeit ist äußert zurückhaltend, weil die Europäische Menschrechtskonvention (EMRK) die für die Frauen wichtigen wirtschaftlichen und sozialen Rechte anders als die Frauenrechtskonvention und die Europäische Sozialcharta nicht regelt. Der Europäische Gerichtshof für Menschenrechte verurteilte 2017 Portugal wegen Frauendiskriminierung, weil ein portugiesisches Gericht die Bedeutung von Sexualität für die Selbstverwirklichung von Frauen ignoriert hat. Die Entscheidung beruhe auf der generellen und vorurteilsbeladenen Annahme, dass Sexualität für eine 50-jährige Frau und Mutter nicht so wichtig sei wie für eine jüngere Frau oder einen älteren Mann. Der Gerichtshof sieht in dem Verbot der Vollverschleierung auf öffentlichen Plätzen in Belgien und Frankreich keine Menschenrechtsverletzung und wies 2014 und 2017 Klagen gegen Gesetze ab, die das Verbot regeln.

Im Gegensatz zum Europäischen Menschenrechtsgerichtshof ist die Rechtsprechung des Europäischen Gerichtshofes in Bezug auf Diskriminierungen von Frauen konkret, bestimmt und zielführend. Vielfach hat der Europäische Gerichtshof in seiner Rechtsprechung die unmittelbare und mittelbare Diskriminierung von Frauen verurteilt. Bereits 1976 hatte der Europäische Gerichtshof das Verbot der Geschlechtsdiskriminierung, Artikel 119 Vertrag von Rom, als Grundlage des Gemeinschaftsrechts anerkannt. Die Europäische Union ist berechtigt und verpflichtet, die rechtliche Gleichstellung von Frauen zu verwirklichen, ihre strukturelle Benachteiligung zu überwinden und gegebenenfalls über Maßnahmen der positiven Diskriminierung zu fördern.

Frauendiskriminierung: In der Europäischen Union seit 1957 verboten

Frauenrechte sind in internationalen Beziehungen wichtig und haben eine Rückwirkung auf die nationale Ebene. Das gilt insbesondere für europarechtliche Regelungen, weil Frauenrechte seit dem Vertrag von Rom durch ein Diskriminierungsverbot in der Arbeitswelt geschützt werden. Auch wenn sich der Vertrag von Rom «nur» gegen die Entgeltdiskriminierung von Frauen wandte, wurde daraus der Einstieg in den Schutz von Geschlechtergleichheit in der Arbeitswelt. Vor allem der Europäische Gerichtshof war Motor, weil in zahlreichen Urteilen der Grundstein für ein Verbot der unmittelbaren und mittelbaren Diskriminierung und die Zulässigkeit positiver Diskriminierung gelegt wurde, die von den EU-Mitgliedstaaten respektiert und umgesetzt werden mussten und müssen. Das vom Europäischen Gerichtshof anerkannte Verbot der Geschlechterdiskriminierung als Grundlage der Gemeinschaft wurde zum Baustein einer fortschrittlichen Gleichstellungspolitik für die Europäische Gemeinschaft und ihre Mitgliedstaaten. Eine Diskriminierung liegt vor, wenn eine Regelung an scheinbar neutralen Kriterien anknüpft, die sich auf Männer und Frauen unterschiedlich auswirken, also unterschiedliche Rechtsfolgen regeln.

Nationale Gleichstellungsgesetze hätte es nicht gegeben, wenn die Europäische Union nicht nur berechtigt, sondern auch verpflichtet wäre, die rechtliche Gleichstellung wie ihre faktische Umsetzung durchzusetzen. Der 2007 verabschiedete Vertrag über die Europäische Union, der Lissabon-Vertrag, enthält die Diskriminierungsverbote, den Grundsatz der positiven Diskriminierung und verpflichtet alle Mitgliedstaaten auf die Gleichberechtigung von Frau und Mann als Werte und Ziele der Europäischen Union (Artikel 2,3). Der Vertrag erkennt Frauenrechte als Menschenrechte an. Die Europäische Union muss darüber hinaus für alle Maßnahmen das Gender Mainstreaming praktizieren und damit prüfen, ob sich eine Maßnahme unterschiedlich auf Frauen und Männer auswirkt, sodass sie etwaige Ungleichheiten und Ungerechtigkeiten beseitigen bzw. ausgleichen kann.

Die Gleichstellungsaktionspläne der Europäischen Union und die neue Geschlechterstrategie 2020 bis 2025 wollen die Geschlechterungleichheit beseitigen. Die EU-Strategie zur Gleichstellung der Geschlechter legt politische Ziele und Initiativen fest, die bis 2025 zu erheblichen Fortschritten auf dem Weg zu einem gleichberechtigten Europa führen sollen. Ziel ist es, ein Europa der Gleichstellung zu schaffen, in dem geschlechtsspezifische Gewalt, Diskriminierung aufgrund des Geschlechts und strukturelle Ungleichheit zwischen Frauen und Männern der Vergangenheit angehören. Ein Europa, in dem Frauen und Männer, Mädchen und Jungen in ihrer Vielfalt gleichberechtigt sind und in dem sie gleichberechtigt an der europäischen Gesellschaft teilhaben und diese führen können.

Die Umsetzung dieser Strategie wird einem zweigleisigen Ansatz aus gezielten Maßnahmen zur Verwirklichung der Gleichstellung der Geschlechter und einem stärkeren Gender Mainstreaming folgen. Um das Gender Mainstreaming zu fördern, wird die Kommission die Geschlechterperspektive systematisch – intern wie extern – in alle EU-Politikbereichen in alle Phasen der Politikgestaltung einbeziehen. Die Strategie ist als Beitrag der EU zu verstehen, um Frauen und Männern, Mädchen und Jungen eine bessere Zukunft zu ermöglichen. Sie soll auch zur Verwirklichung von Ziel 5 der UN-Agenda 2030 für nachhaltige Entwicklung (Gleichstellung der Geschlechter) beitragen. Schließlich kann eine nachhaltige Entwicklung nicht gelingen, wenn Frauen weiterhin diskriminiert werden.

Die Hauptziele der EU-Strategie bestehen darin, geschlechtsspezifischer Gewalt ein Ende zu setzen, Geschlechterstereotype zu überwinden, die geschlechtsspezifischen Unterschiede auf dem Arbeitsmarkt auszugleichen, die Beteiligung der Geschlechter in den verschiedenen Wirtschaftssektoren zu fördern, die geschlechtsspezifischen Lohn- und Rentenlückenunterschiede zu schließen sowie die Teilung der unbezahlten Sorgearbeit zwischen den Geschlechtern durchzusetzen. Die Strategie zur Gleichstellung der Geschlechter ist Ausdruck eines doppelten Ansatzes, bei dem der Gender-Aspekt in EU-Politiken integriert wird und gezielte Initiativen eingeführt werden. Die Strategie konzentriert sich auf Initiativen innerhalb der EU, steht aber auch im Einklang mit der Außenpolitik der EU zur Gleichstellung der Geschlechter und zur Stärkung von Einfluss und Partizipation von Frauen. Damit gilt erstmals gilt für alle Ressorts eine Gleichstellungsstrategie, die laufend umgesetzt und überprüft wird.

Die EU-Charta der Grundrechte spricht in Art. 23 ein Diskriminierungsverbot aus und verpflichtet alle EU-Mitgliedstaaten zur Gleichstellung von Frauen und Männern in allen Bereichen. Die Institutionen, Organe, Agenturen der Europäischen Union und die EU-Mitgliedstaaten müssen diese Rechte beachten: «Die Gleichheit von Frauen und Männern ist in allen Bereichen, einschließlich der Beschäftigung, der Arbeit und des Arbeitsentgelts, sicherzustellen. Der Grundsatz der Gleichheit steht der Beibehaltung oder der Einführung spezifischer Vergünstigungen für das unterrepräsentierte Geschlecht nicht entgegen». Die Rechtsgleichheit schützt vor Diskriminierung (Artikel 20) genauso wie das Diskriminierungsverbot wegen des Geschlechts (Artikel 21).

Die Europäische Union war lange Vorbild für Gleichstellungsfragen. Ohne die europäische Gleichstellungspolitik wären nationale Gesetzesänderungen zur Bekämpfung von Diskriminierung und zur Durchsetzung von Gleichstellung nicht möglich gewesen. Europa war Vorbild, im 21. Jahrhundert hat die die europäische Antidiskriminierungs- und Gleichstellungsperspektive an Biss verloren. Erst die neue Gleichstellungsstrategie und die 2019 neu gewählte Europäische Kommission versprechen eine ehrgeizige Gleichstellungspolitik.

Der Vertrag über die Europäische Union sieht in der Gleichheit von Frauen und Männern einen Wert, auf den sich die Union gründet. Sie bestärkt die Gleichstellung von Frauen und Männern als Politikziel der Union. Immer wieder wird das Antidiskriminierungs- und Gleichstellungsprinzip auch in allen Vorschriften in dem Vertrag über die Arbeitsweise der Europäischen Union, in der Grundrechtecharta und in den vielen Gleichstellungsrichtlinien betont. Es ist Aufgabe der Union, bei allen Tätigkeiten die Gleichstellung von Frauen und Männern zu fördern. Die Gleichstellung der Geschlechter ist ein Grundwert der EU, ein Grundrecht und ein Grundprinzip der europäischen Säule sozialer Rechte.

Die Europäische Union nimmt weltweit eine Vorreiterrolle bei der Gleichstellung der Geschlechter ein. 14 der 20 Staaten, die bei der Gleichstellung der Geschlechter weltweit führend sind, sind EU-Mitgliedstaaten Durch solide Gleichstellungsvorschriften und die wegweisende Rechtsprechung, und Bemühungen um eine durchgängige Berücksichtigung der Geschlechterperspektive in unterschiedlichen Politikbereichen und Rechtsvorschriften zur Bekämpfung spezifischer Ungleichheiten hat die EU in den letzten Jahrzehnten zu Fortschritten bei der Gleichstellung beigetragen.

Dennoch hat bislang kein Mitgliedstaat eine vollständige Gleichstellung der Geschlechter erreicht. Im EU-Gleichstellungsindex 2019 erreichten die Mitgliedstaaten durchschnittlich 67,4 von 100 Punkten, wobei sich dieser Wert seit 2005 nur um 5,4 Punkte verbessert hat. Fortschritte bei der Gleichstellung von Frauen und Männern sind weder selbstverständlich noch irreversibel. Zwar wird das Geschlechtergefälle im Bildungswesen sukzessive abgebaut, doch in den Bereichen Beschäftigung, Entgelt, Betreuung, Macht und Renten bestehen weiterhin Gleichstellungsdefizite. Immer noch treten zu viele Personen mit sexistischen Hassreden den Grundsatz der Gleichstellung mit Füßen und blockieren Maßnahmen gegen geschlechtsspezifische Gewalt und Geschlechterstereotypen. Geschlechtsspezifische Gewalt und Belästigung sind weiterhin beunruhigend aktuell. Die #MeToo-Bewegung hat das Ausmaß von Sexismus und Missbrauch verdeutlicht, mit dem Frauen und Mädchen nach wie vor konfrontiert sind. Gleichzeitig hat sie bewirkt, dass Frauen weltweit von ihren Erfahrungen berichten und Fälle vor Gericht bringen.

In der Europäischen Union ging es trotz eingeschränkter Kompetenzen immer wieder um Frauenrechte, Gewalt gegen Frauen und um die sexuelle Selbstbestimmung der Frauen. Wichtig waren die im Kompetenzbereich der

Europäischen Union liegenden Regelungen zur Gleichberechtigung in der Arbeitswelt, zur Vereinbarkeit von Beruf und Familie und zur Überwindung von Geschlechterstereotypen. So gelang der Durchbruch für das Verbot der mittelbaren Diskriminierung der Frau, für positive Diskriminierung und die Zulässigkeit der Quote bei gleicher Qualifikation, für das Diskriminierungsverbot bei Dienstleistungen, die Umkehr der Beweislast bei Diskriminierungen und für die Anti-Diskriminierungsrichtlinien.

Kapitel 3
Gegen Diskriminierung und Gewalt
Istanbul-Konvention und UN-Resolution 1325

Gewalt gegen Frauen

Gewalt gegen Frauen ist eine schwere Menschenrechtsverletzung, die Frauen in allen Ländern, Kulturen und Gesellschaftsbereichen erleiden. Die Formen der Gewalt sind vielfältig: Sie reichen von Schlägen, sexuellen Übergriffen und Vergewaltigung über Zwangsheirat, Zwang zu Sterilisation und Abtreibung, Frauenhandel, Genitalverstümmelung bis hin zu Massenvergewaltigungen als Waffe in Kriegssituationen. Neben dieser direkten, personalen Gewalt gibt es aber auch strukturelle Gewalt. Nach wie vor haben weltweit Mädchen und Frauen einen schlechteren Zugang zu Bildung, Gesundheit und sozialen Grundleistungen, menschenwürdiger Arbeit und Macht. Auch hochentwickelte Länder sind von einer tatsächlichen politischen oder ökonomischen Gleichstellung weit entfernt. Die Wurzel für Gewalt gegen Frauen liegt in der durch Patriachat, Genderstereotypen oder traditionelle Rollen ausgelösten Frauendiskriminierung.

Gewalt gegen Frauen ist ein universales Macht- und Menschenrechtsproblem: Die Weltgesundheitsorganisation (WHO) bezeichnet Gewalt gegen

Frauen als eines der größten Gesundheitsrisiken von Frauen weltweit. Gewalt ist für sie eine schlimme Epidemie. Lange Zeit war das Thema vollständig tabuisiert. Viele der betroffenen Frauen fühlen sich immer noch hilflos. Scham und Angst vor Gerede oder weiteren Übergriffen hemmen sie, ihre Rechte einzufordern und Hilfe zu suchen. Viele sprechen mit niemand über die erlebte Gewalt.

Erst 1993 erkannten die UN die Gewalt gegen Frauen als Menschenrechtsverletzung an. Die Realität sieht allerdings anders aus. Dem UN-Bevölkerungsbericht zufolge ist die Diskriminierung von Frauen «in vielen Kulturen weit verbreitet und tief verwurzelt» und in einigen Ländern der Erde werden bis zu 70 % aller Frauen mindestens einmal im Laufe ihres Lebens Opfer physischer oder sexueller Gewalt – in der Mehrzahl durch vertraute Partner und im häuslichen Bereich. Alljährlich will der von den Vereinten Nationen 1999 eingeführte «Internationale Tag zur Beseitigung von Gewalt gegen Frauen» am 25. November auf Gewalt gegen Frauen aufmerksam machen. Hintergrund des Gedenktags ist die Ermordung der drei Schwestern Mirabal. Diese wurden am 25. November 1960 in der Dominikanischen Republik vom militärischen Geheimdienst getötet, weil sie sich gegen den damaligen Diktator Rafael Trujillo zur Wehr gesetzt hatten. Die Tat wurde als Autounfall getarnt. Die drei Frauen wurden zum Symbol für Gewalt gegen Frauen in Lateinamerika und weltweit. Gewalt trifft Frauen aller Altersklassen – von ungeborenen Babys bis zu älteren Menschen. Frauenhandel und Zwangsprostitution sind grenzüberschreitende Formen von Gewalt.

Frauen, die Gewalt erleben, leiden an zahlreichen gesundheitlichen Problemen. Ihre Fähigkeit, am öffentlichen Leben teilzunehmen, wird stark eingeschränkt. Gewalt gegen Frauen schädigt generationsübergreifend Familien und Gemeinschaften und fördert die Verbreitung anderer Gewaltformen in der Gesellschaft. Infolge der Gewaltakte verarmen Frauen, ihre Familien, Gemeinschaften und sogar Nationen. Gewalt gegen Frauen beschränkt sich nicht auf spezielle Kulturen, Regionen, Länder oder einige Gruppen von Frauen. Die Ursachen der Gewaltakte liegen in der anhaltenden Diskriminierung von Frauen. Jedes Jahr werden Hunderte von Millionen Frauen von Männern misshandelt oder getötet, weil sie eine Frau sind. Häufig kommen Männer mit einer milden Bestrafung davon, weil sie fälschlicherweise nicht wegen Mordes, sondern wegen Totschlags verurteilt werden. Femizid ist Mord. Damit ist Gewalt gegen Frauen eine der weitesten verbreiteten Menschenrechtsverletzungen. Zudem sind nach wie vor weltweit bis zu 150 Millionen Mädchen und Frauen Opfer von Genitalverstümmelung. Frauen sind nach Schätzungen der

Internationalen Arbeitsorganisationen die Mehrheit der 40 Millionen Sklav:innen. 15,4 Millionen von ihnen sind zwangsverheiratete Frauen.

Hinter dem Begriff Gewalt verbergen sich auch grauenhafte Ehrenmorde, Vergewaltigungen, Zwangsprostitution und Zwangsheirat. Massenvergewaltigungen und Gewalt gegen Frauen werden zudem immer öfter als Kriegswaffe eingesetzt. In vielen Kulturen ist körperliche oder sexuelle Gewalt gegenüber Frauen geduldet, selbst wenn einschlägige nationale Gesetze sie ausdrücklich verbieten. Die Täter kommen in der Regel ungestraft davon – oft wird der Frau selbst sogar die Schuld dafür gegeben, dass sie Opfer von Gewalt geworden ist. Das gilt vor allem für häusliche Gewalt, die weltweit besonders verbreitet ist und unter den Bedingungen der Covid-19-Pandemie noch zugenommen hat. In Nigeria soll sich die Gewalt gegen Frauen verdreifacht haben. «Wir haben es hier außer mit der Covid-19-Pandemie noch mit einer Epidemie der Gewalt gegen Frauen zu tun», sagt Nigerias Frauenministerin Pauline Tallen Ende Juni 2020. Unter der Covid-19-Pandemie verstärkte sich Gewalt gegen Frauen. In Indien, Bangladesch, China und Indonesien, aber auch in Nepal und Thailand bleiben Gewalttaten gegen Frauen in der Regel ungestraft. Frauenbewegungen fordern immer wieder nationale Gesetze gegen sexuelle Gewalt. Sie bleiben aus. In Indien hat die entsetzliche Gruppen-Vergewaltigung der 23-jährigen Studentin Jyoti Singh in einem fahrenden Bus in Delhi 2012 die halbe Welt aufgeschreckt. Aber Indien hat weiterhin eine traurige Bilanz von Frauen als Gewaltopfer: Vergewaltigungen steigen genauso wie Mitgiftmorde und häusliche Gewalt oder Mädchentötungen. Indien gilt nach einer G-20-Studie als das frauenfeindlichste Land unter den Nationen der Welt. Grund ist die in der indischen Gesellschaft weit verbreitete Geringschätzung und dadurch angeblich legitimierte Gewalt gegen Frauen und Mädchen. 2020 liegt ein vergleichbarer Fall dem Obersten Gerichtshof vor. Gewalt gegen Frauen ist in China ein traurig-vertrautes Phänomen, aber statistisch wenig nachweisbar. Der für Frauen gefährlichste Ort bleibt auch in China das eigene Zuhause. Laut Statistiken der Chinesischen Frauenvereinigung wurde im Jahr 2019 alle 7,5 Sekunden eine Frau von ihrem Mann verprügelt. Durchschnittlich erst nach dem 35. Vorfall dieser Art suchen Chinesinnen Hilfe bei der Polizei. Die wachsenden sozialen Unterschiede und die Covid-19-Pandemie haben zum Ansteigen der häuslichen Gewalt geführt. Das ist in anderen asiatischen Staaten nicht anders. Für viele Staaten in Süd- und Südostasien herrscht ein traditionelles Frauen- und Familienbild vor, das auch Gewalt gegen Frauen Vorschub leistet. Deswegen erhöhen sich auch in Asien die Zahl der Frauen, die Hilfe gegen häusliche Gewalt brauchen.

Häusliche Gewalt gegen Frauen bezeichnet die Gewalt zwischen erwachsenen Beziehungspartnern. Gewalt und Demütigung werden von einem Partner eingesetzt, um den anderen zu kontrollieren und Macht auszuüben. Viele der Gewaltformen sind gesetzlich verboten und stellen eine Straftat dar. Dies gilt immer für körperliche und sexuelle Gewalt und für Stalking. Häusliche Gewalt kann dauernd stattfinden oder in Abständen immer wieder passieren. Diesen Zustand ertragen Frauen weltweit. Auch in Europa ändert sich wenig. In den Befragungen der Europäischen Agentur für Grundrechte (FRA) kommt die alltägliche Gewalt zum Ausdruck. Jede dritte Europäerin war Gewalt ausgesetzt. Von allen Frauen mit Partnern (derzeitig oder früher) haben 22 % seit dem 15. Lebensjahr körperliche und/oder sexuelle Gewalt von einem Partner erfahren. In der Europäischen Union haben 43 % der Frauen psysische Gewalt in unterschiedlichen Formen erlebt, z.B. als Selbstmorddrohungen oder als ökonomische Gewalt. In Deutschland, Benelux-Staaten, Dänemark, Schweden und in den baltischen Staaten klagen die meisten Frauen über Gewalterfahrungen (über 50 % der Frauen).

Weltweit trifft Gewalt gegen Menschen Frauen. Jeden Tag werden Frauen ermordet, weil sie Frauen sind. Gewalt gegen Frauen stellt kein isoliert zu betrachtendes Verbrechen dar, sondern ist Teil der strukturellen Diskriminierung von Frauen. Selbst in den Gleichstellungsvorbildländern wie den nordeuropäischen Staaten gibt es die alltägliche Männergewalt gegen Frauen. Die Frauenrechtsbewegung brachte Gewalt gegen Frauen als Diskriminierung und Menschenrechtsverletzung auf die UN-Agenda. 1992 beschloss der CEDAW-Ausschuss, der UN Ausschuss der Frauenrechtskonvention, die bahnbrechende allgemeine Empfehlung Nr. 19, die Gewalt gegen Frauen als Diskriminierungsform beschreibt und klarstellt, dass es keine Gleichstellung der Geschlechter ohne eine Beseitigung der Gewalt gegen Frauen geben kann.

Menschenrechte waren ursprünglich Rechte von Männern wie in der Virginia Bill of Rights oder der französischen Menschenrechtserklärung. Es ging um individuelle Freiheitsrechte gegenüber dem Staat. Auch die erste Generation der Menschenrechte in der UN-Charta sind bürgerliche und politische Rechte und Abwehrrechte gegenüber staatlicher Gewalt. Häusliche oder familiäre Gewalt waren nach dem damaligen Verständnis von Menschenrechten von Schutz ausgeschlossen, weil sie im geschützten privaten Bereich stattfinden. Erst mit den UN-Weltfrauenkonferenzen und der Wiener Weltmenschenrechtskonferenz von 1993 sowie der Aktionsplattform von Peking 1995 wurde die Verweigerung grundlegender Rechte aufgrund der Geschlechtszugehörigkeit als Menschenrechtsverletzung anerkannt und zwar unabhängig von staatlicher oder privater Verursachung. Bereits die Präambel der UN-Deklaration 1993 zur Abschaffung von Gewalt gegen Frauen verdeutlicht den Menschenrechtsbezug: «Gewalt gegen Frauen ist eine Verletzung der Rechte und Freiheiten von Frauen und beeinträchtigt oder vereitelt die Wahrnehmung dieser Rechte.»

Der Abschaffung genderspezifischen Gewalt als eine Form der nach der Konvention verbotenen Diskriminierung von Frauen misst der CEDAW-Ausschuss einen wichtigen Stellenwert bei. In Ergänzung zu CEDAW wurden in den regionalen Menschenrechtsschutzsystemen rechtsverbindliche Instrumente wie die interamerikanische Konvention von 1994 für Prävention, Bestrafung und Beseitigung von Gewalt, das Maputo-Protokoll für die Staaten der Afrikanischen Union 2003 über die Rechte der Frauen in Afrika und schließlich 2011 die Europaratskonvention gegen Gewalt gegen Frauen, die Istanbul-Konvention, geschaffen. Damit war Gewalt gegen Frauen als mögliche Diskriminierung bzw. Menschenrechtsverletzung anerkannt.

Das ILO-Übereinkommen Nr. 190, das im Juni 2019 zum hundertjährigen Jubiläum der Internationalen Arbeitsorganisation (IAO) angenommen wurde, ist das erste internationale Instrument, das globale Standards für arbeitsbedingte Belästigung und Gewalt festlegt. Es erkennt an, dass Gewalt und Belästigung am Arbeitsplatz eine Menschenrechtsverletzung oder -missbrauch sein können, die eine Bedrohung für die Chancengleichheit sind und will den Schutz von allen Arbeitnehmern und Angestellten.

Istanbul-Konvention

Geschlechtsspezifische Gewalt ist seit der UN-Menschenrechtskonferenz von Wien 1993 als Menschenrechtsverletzung anerkannt. Die im Europarat zusammengeschlossenen Staaten haben mit der Istanbul-Konvention 2011, dem Übereinkommen zur Verhütung und Bekämpfung von Gewalt gegen Frauen und häusliche Gewalt den bisher umfassendsten Menschenrechtsvertrag gegen geschlechtsspezifische Gewalt entwickelt. Die Istanbul-Konvention ist beeinflusst von der Spruchpraxis der UN-Frauenrechtskonvention (Allgemeine Empfehlungen 15, 19 und 30). Sie bindet staatliche Pflichten, Prävention, Intervention sowie Schutz und Sanktionen bei geschlechtsspezifischer Gewalt zusammen. Die Istanbul-Konvention wurde von 34 Staaten ratifiziert und trat in Deutschland am 1. Februar 2018 in Kraft.

Die Istanbul-Konvention geht von einem umfassenden Gewaltbegriff aus, der alle Handlungen geschlechtsspezifischer Gewalt einschließt, die zu körperlichen, sexuellen, psychischen oder wirtschaftlichen Schäden oder Leiden bei Frauen führen. Wichtig ist die Aufnahme der ökonomischen Dimension in den Gewaltbegriff. Artikel 3 a) erweitert die Spruchpraxis von dem CEDAW-Ausschuss der UN-Frauenrechtskonvention. So wird 2013 in einem Verfahren gegen Spanien die über Jahre ohne nachvollziehbaren Grund verweigerte Unterhaltszahlung für ein Kind als Teil eines Systems häuslicher Gewalt beurteilt.

Das Abkommen verpflichtet die Staaten, Maßnahmen zu ergreifen, die geschlechtsbezogene Gewalt verhindern. Dazu zählen Prävention, Schutz, Strafverfolgung, organisatorische Zusammenarbeit staatlicher und nichtstaatlicher Stellen sowie das Monitoring der Umsetzung. Zur Prävention von Gewalt ist zum Beispiel vorgesehen, Fachkräfte für den Umgang mit Opfern von Gewalt auszubilden. Kampagnen sollen zudem regelmäßig für das Thema sensibilisieren. Um Gewalt vorzubeugen, müssen sich laut Vertragstext außerdem Verhaltensweisen ändern, die auf althergebrachten Geschlechterrollen beruhen. So fordert Artikel 12 von den Vertragsparteien Maßnahmen zu ergreifen, die darauf zielen, «Vorurteile, Bräuche, Traditionen und alle sonstigen Vorgehensweisen, die auf der Vorstellung der Unterlegenheit der Frau oder auf Rollenzuweisungen für Frauen und Männer beruhen, zu beseitigen». Artikel 42 hält gesondert fest, dass es mit Blick auf Kultur, Traditionen und Religion keine Rechtfertigung für Gewalt gegen Frauen gibt. Dies gilt insbesondere für Verbrechen, die im Namen der «Ehre» begangen werden. Mit der Konvention verpflichten sich die Unterzeichnerstaaten, Schutz- und Hilfsdienste für Frauen, die Gewalt erlitten haben, bereitzustellen. Über Hilfsangebote und juristische Mittel muss informiert werden. Ebenso sollen Schutzräume, Telefon-Hotlines und spezielle Hilfszentren für Vergewaltigungsopfer geschaffen werden. Darüber hinaus sieht die Konvention vor, die Gesetzeslage dahingehend zu ändern, dass es der Polizei erlaubt ist, bei häuslicher Gewalt den gewalttätigen Partner aus der Wohnung zu holen und ihn anzuweisen, sich vom Opfer fernzuhalten.

Darüber hinaus definiert die Istanbul-Konvention den Begriff «Gewalt gegen Frauen» als Menschenrechtsverletzung sowie als Form der Diskriminierung wie bereits die Präambel der Frauenrechtskonvention sowie die Allgemeine Empfehlung Nr. 19 des CEDAW-Ausschusses. Die Istanbul-Konvention ist der dritte Regionalvertrag über Maßnahmen gegen Gewalt gegen Frauen. Sie erkennt Gewalt als Menschenrechtsverletzung an. Sie geht aber darüber hinaus, weil sie eine rechtlich verbindliche Definition von Gewalt gegen Frauen als eine Verletzung von Menschenrechten und einer Form von Diskriminierung der Frau bestimmt. Damit will die Istanbul-Konvention jegliche Diskriminierung beenden. Die im Europarat zusammengeschlossenen Staaten haben mit der Istanbul-Konvention, dem Übereinkommen zur Verhütung und Bekämpfung von Gewalt gegen Frauen und häusliche Gewalt, einen umfassenden Menschenrechtsvertrag gegen geschlechtsspezifische Gewalt beschlossen.

Die Konvention des Europarats verfolgt das Ziel, Opfer vor Gewalt zu schützen und die Straflosigkeit der Täter und Täterinnen zu beenden. Die äußerst umfangreiche Konvention sieht unter anderem Maßnahmen in den Bereichen Prävention, Betreuung und Hilfe, Rechtsschutz und (zivil- und strafrechtliche) Verfahren vor. Erfasst werden alle Formen von Gewalt gegen Frauen, einschließlich häuslicher Gewalt, die überwiegend Frauen trifft. Auch Zwangsverheiratung, Genitalverstümmelung, Stalking, physische und psychologische Gewalt und sexuelle Gewalt etc. gehören dazu. Die Mitgliedstaaten werden dazu ermutigt, die Konvention auf alle Opfer von häuslicher Gewalt anzuwenden, also auch auf Männer und Kinder. Vorbehalte sind nur eingeschränkt möglich.

Die Europarats-Mitgliedsstaaten bestrafen die unterschiedlichen Formen von Gewalt gegen Frauen, und zwar Gewalt in jeglicher «Form». Die Konvention verpflichtet die Staaten nach dem «Due Diligence Standard», Gewaltakte zu verhindern, zu untersuchen, zu bestrafen und für Entschädigung zu sorgen, wenn Gewalt durch einen nichtstaatlichen Akteur begangen worden ist. Genderblindheit wird nicht länger zugelassen. Die Kernaussage der Istanbul-Konvention besteht darin, dass wenn eine Frau «Nein» zu einer sexuellen Handlung sagt, jede sexuelle Handlung gegen ihren Willen strafrechtlich relevant ist. Deutschland musste das Strafgesetzbuch § 177 StGB ändern, um der «Nein» heißt «Nein»-Ansage der Istanbul-Konvention zu genügen. Die Istanbul-Konvention verpflichtet die Staaten dazu, Gesetze zu verabschieden, nach denen Gewalt gegen Frauen und häusliche Gewalt bestraft wird. Wo es entsprechende gesetzliche Vorgaben nicht gibt, müssen sie laut Konvention eingeführt werden. Ebenso soll dafür gesorgt werden, dass Strafverfolgung tatsächlich stattfindet.

Um Gewalt gegen Frauen effektiv zu verhindern, fordert die Übereinkunft die Zusammenarbeit aller relevanten Behörden, Einrichtungen und Organisationen. Darüber hinaus soll überwacht werden, ob und wie die Maßnahmen umgesetzt werden. Zuständig hierfür ist einerseits eine unabhängige Expertengruppe, die GREVIO (Group of Experts on Action against Violence against Women and Domestic Violence), anderseits das Komitee der Vertragsparteien. Alle Staaten unterwerfen sich einer Prüfungspflicht.

Die ersten Prüfberichte zeigen, dass selbst in Österreich und in den skandinavischen Staaten Regelungs- und Datenlücken bestehen und die Gewalt nicht eingedämmt wird. Fehlende Prävention und unzureichende Schutzeinrichtungen und Finanzmittel für Frauen als Opfer von Gewalt werden kritisiert. In Österreich besteht ein «deutlicher Gegensatz» bei der Zahl, dem Umfang und der regionalen Verbreitung der Hilfsdienste für die Opfer häuslicher Gewalt auf der einen Seite und für die Opfer anderer Formen von Gewalt auf der anderen Seite. Aus diesem Grund steht beispielsweise Vergewaltigungsopfern nur in fünf Bundesländern eine spezielle Beratungsstelle zur Verfügung, während sich Opfer häuslicher Gewalt im gesamten Bundesgebiet an ein Gewaltschutzzentrum wenden können. In dem Bericht über Monaco rufen die Experten die Behörden zu stärkeren Präventions-, Schutz- und Strafverfolgungsmaßnahmen auf. Zudem sind der GREVIO zufolge Bemühungen erforderlich, um eine der Grundursachen dieser Form der Gewalt zu bekämpfen: die Ungleichheit zwischen den Geschlechtern. Die Empfehlungen fordern auch eine bessere Datenerhebung zu allen Formen der Gewalt, , die Einführung eines umfassenden Maßnahmenkatalogs in den Bereichen Prävention, Opferschutz und Strafverfolgung in Bezug auf all Formen von Gewalt gegen Frauen, insbesondere in Bezug auf weibliche Genitalverstümmelung und Zwangsheirat und eine bessere Ausstattung der Koordinierungsstellen mit Personal und Finanzmitteln sowie Kompetenzen. Alle Staaten stehen auf dem Prüfplan. Ein Prüfverfahren läuft jetzt auch für Deutschland. Finnland sieht ein Aktionsprogramm vor, auch Deutschland plant ein Aktionsprogramm.

Zusätzlich zu den materiell- und verfahrensrechtlichen Vorgaben verpflichtet die Konvention die Staaten zu einem koordinierten Ineinandergreifen von politischen Maßnahmen und Monitoring der (Rechts-)Wirklichkeit von Gewalt-Betroffenen. Mit Artikel 36 des Abkommens werden die Vertragsparteien verpflichtet, alle notwendigen gesetzgeberischen oder sonstigen Maßnahmen zu treffen, um sicherzustellen, dass «nicht einverständliches, sexuell bestimmtes» Handeln unter Strafe gestellt wird.

Artikel 11 sieht die Verpflichtung zur Datenerhebung im Rahmen von regelmäßigen Statistiken öffentlicher Stellen – wie zum Beispiel der Polizei, der Zivil- und Strafgerichte, Jugendämter – und im Rahmen von Forschung vor. Diese Daten dienen der Präzisierung und Steuerung von politischen Maßnahmen gegen Gewalt gegen Frauen, die wiederum koordiniert, umgesetzt, beobachtet und bewertet werden sollen. Wichtig ist der umfassende Schutz der sexuellen Selbstbestimmung. In Artikel 1a der Konvention heißt es: «Zweck dieses Übereinkommens ist es, Frauen vor allen Formen von Gewalt zu schützen und Gewalt gegen Frauen und häusliche Gewalt zu verhüten, zu verfolgen und zu beseitigen». Dazu zählen psychische, körperliche und sexuelle Gewalt, einschließlich Vergewaltigung, sowie Zwangsheirat, Verstümmelung der weiblichen Genitalien, erzwungene Abtreibung und Sterilisation, Nachstellung (Stalking) sowie sexuelle Belästigung. Somit ist die Überwindung des entgegenstehenden Willens des Opfers nicht mehr erforderlich. Abzustellen ist vielmehr auf den erkennbaren Willen des Opfers, wobei die Erkennbarkeit des entgegenstehenden Willens aus der Sicht eines objektiven Dritten zu beurteilen ist. Dies ist der Fall, wenn das Opfer seinen entgegenstehenden Willen zum Tatzeitpunkt entweder ausdrücklich (verbal) erklärt oder konkludent zum Beispiel durch Weinen oder Abwehren der sexuellen Handlung zum Ausdruck bringt.

Die ausdrückliche Regulierung geschlechtsbezogener Gewalt hat eine symbolische Wirkungsmacht. Wenn geschlechtsbezogene Gewalt als Menschenrechtsverletzung bestätigt wird und international normativ untermauert wird, kann Gewalt effektiver bekämpft werden. In Europa sterben jede Woche 50 Frauen an den Folgen von häuslicher Gewalt. Jeden Tag werden in Europa Frauen Opfer von Gewalt, weil sie Frauen sind. Immer aber haben noch nicht alle europäischen Staaten die Istanbul-Konvention ratifiziert, um ihren Beitrag gegen Frauengewalt zu leisten. Rechtsschutz ist Voraussetzung für die wirksame Bekämpfung von Gewalt gegen Frauen.

Frauenleben in Konflikten und Kriegen schützen: Die UN-Resolution 1325 ist ein Weckruf

Erst mit der Frauenrechtskonvention und der Frauenmenschenrechtsbewegung im Zusammenhang der UN-Weltfrauenkonferenzen entstand die Forderung nach einem Völkerrecht, das auch in Kriegen und Konflikten die Verwundbarkeit der Frauen herausstellte. Die Pekinger Aktionsplattform wie eine Resolution des Europäischen Parlaments und vielfältige Fraueninitiativen drängen auf eine UN-Lösung. Die UN-Sicherheitsratsresolution 1325 ist eine Antwort.

In Jahr 2000 verabschiedete der UN-Sicherheitsrat die Resolution 1325. Die Resolution beklagt die mangelnde Beteiligung von Frauen an Konfliktlösungen und wendet sich gegen die Wurzeln von Geschlechterungleichheit und Bedrohung der Frauen in bewaffneten Konflikten. Der Sicherheitsrat will Frauen schützen, weil sie in Konflikten und Kriegen besonders verwundbar sind. Im Bericht des UN-Generalsekretärs zur Umsetzung der Resolution 1325 von 2019 wird festgestellt, dass 50 Konfliktparteien Vergewaltigungen oder andere Formen von sexueller Gewalt als Kriegswaffe eingesetzt haben. Eine von fünf Flüchtlingsfrauen oder von vertriebenen Frauen hat sexuelle Gewalt erfahren. Die Menschenrechtsverletzungen gegenüber Frauen sind sogar von Blauhelmen und Polizeitruppen verletzt worden wie zum Beispiel auf dem Balkan und im Kongo. In Aktionsplänen zur Umsetzung der Resolution 1325 werden die Mitgliedstaaten daher verpflichtet, die Soldaten und Polizisten aufzuklären. Die UN-Mitgliedstaaten werden aufgerufen, die unterschiedlichen Lebensbedingungen von Frauen zu berücksichtigen.

Frauen sind im Zusammenhang mit Krieg und Frieden anderen Herausforderungen ausgesetzt als Männer, machen andere Erfahrungen als Männer. Frauen und Mädchen sollen während und nach Gewaltkonflikten besser geschützt werden. Sexualisierte Gewalt soll verhindert werden. 90 % aller Vergewaltigungen in Konfliktgebieten sind Massen- und Mehrfachvergewaltigungen und werden als Kriegswaffe eingesetzt.

Die UN-Resolution unterstreicht, dass Gewalt und Krieg weder geschlechterblind noch geschlechterneutral sind. Bei der Verhütung und Beilegung bewaffneter Konflikte führt die absichtliche Nichtberücksichtigung von Frauen zu einer weiteren Marginalisierung. Im Kongo sollen 20.000 Frauen vergewaltigt worden sein. Massenvergewaltigungen fanden auch in Ruanda und auf dem Balkan statt. Die Kriegs- und Katastrophenzustände erschweren geschlechterorientierte Gleichheit und vertiefen Diskriminierungen und Menschenrechtsverletzungen. Das Völkerstrafrecht ist für die Durchsetzung von Menschenrechten wichtig, weil es schwere Verstöße gegen Menschenrechte verfolgen kann wie sexualisierte Gewalt. Vergewaltigungen und sexualisierte Gewalt können als Völkermord nach Artikel 6 des Rom-Statuts verurteilt werden. Dazu gab es das Urteil gegen den Bürgermeister von Taba, der in Ruanda wegen systematischer sexualisierter Gewalt des Völkermordes für schuldig befunden wurde. Auch die Einordnung weiterer Delikte als Verbrechen gegen die Menschlichkeit sind keine automatischen Schutzmechanismen für Frauen, weil der Schutz insbesondere des humanitären Völkerrechts eher auf den Schutz der Ehre des Mannes zugeschnitten ist. Das zeigt sich bei den Asylgründen, die erst sehr spät zur Anerkennung geschlechtsspezifischer Gewalt als Asylgrund führten. Die Genfer Flüchtlingskonvention schützte daher die Frauen erst, als Frauenproteste Regierungen zwangen, geschlechtsspezifisches Asylgründe wie Zwangsheirat, Genitalverstümmelung und andere Formen der Gewalt gegen Frauen anzuerkennen.

Vor dem 1998 gegründeten Internationalen Strafgerichtshof wurde sexualisierter Gewalt verurteilt. Der IStGH, dessen Gründungsvertrag von über 120 Ländern ratifiziert wurde (Römisches Statut), ist das erste ständige internationale Strafgericht und soll die Straflosigkeit für die Täter der schwerwiegendsten Verbrechen beenden, die die internationale Gemeinschaft betreffen, nämlich Kriegsverbrechen, Verbrechen gegen die Menschlichkeit, Völkermord und Verbrechen der Aggression. Mit dem Römischen Statut wurde auch der Treuhandfonds für Opfer mit einem zweifachen Mandat eingerichtet: Umsetzung gerichtlich angeordneter Wiedergutmachungen und Bereitstellung physischer und psychischer Rehabilitation sowie materieller Unterstützung für Opferüberlebende, ihre Familien, und betroffenen Gemeinden. Das Rom-Statut nennt ausdrücklich weder Vergewaltigung noch sexualisierte Gewalt im Zusammenhang mit Völkermord nach Artikel 6. Bereits das Jugoslawien- wie das Ruanda-Tribunal haben sexualisierte Gewalt und Vergewaltigungen als wichtigen Teil von Völkermord anerkannt. Der Internationale Strafgerichtshof verurteilte sie als Verbrechen gegen die Menschlichkeit. Allerdings kommt sexuelle Kriegsgewalt häufig nicht zur Anzeige. Tradierte Rollenvorstellungen sowie staatliche und nicht staatliche Herrschaftsverhältnisse sind ein wichtiger Grund. Dabei verpflichten die Resolutionen des Sicherheitsrates alle Mitgliedstaaten dazu Täter von sexualisierter Gewalt in Konflikten zu verfolgen. Die Resolutionen 1325, 1820, 1888,1889, 1960, 2106 verpflichten zu Verfolgung. Vergewaltigung als Kriegswaffe wird eingesetzt, um Angehörige, Dörfer oder bestimmte Volksgruppen zu demütigen, zu unterwerfen und zu bestrafen. Nationale staatliche Souveränität findet dort ein Ende, wo schwerwiegende Menschenrechtsverletzungen begangen werden. Der Ex-Präsident von Liberia wurde wegen Verbrechen gegen die Menschlichkeit und Kriegsverbrechen in Sierra Leone bestraft, weil er systematische Vergewaltigungen als Kriegswaffe benutzte.

Kapitel 4
Machtverhältnisse
Eine weltweite Diskriminierung von Frauen

Die Stärkung von Frauen (Women Empowerment) soll dazu beitragen, dass sie Einfluss nehmen und ihr eigenes Leben kontrollieren können. Es geht dabei um Bewusstseinsbildung, um Selbstbewusstsein, Selbstvertrauen, Wahlmöglichkeiten, vermehrten Zugang zu und Kontrolle über Ressourcen und Maßnahmen, um Strukturen und Institutionen zu verändern, die Geschlechterdiskriminierung und Geschlechterungleichheit hartnäckig aufrechterhalten.

Bereits 2002 verabschiedete die UN-Frauenrechtskommission eine abschließende Erklärung, die das politische und ökonomische Empowerment von Frauen dringlich einforderte, um Ungleichheit und Geschlechterungerechtigkeit auf der Welt zu bekämpfen. Gleichzeit betonte sie schon damals, dass es dafür die erforderlichen institutionellen Reformen, finanziellen Ressourcen und die Einführung von Gender Budgeting geben müsse. Ziel 5 der UN-Nachhaltigkeitsagenda 2030 wiederholt dieses nicht erreichte Ziel, um Gewalt, Unterdrückung, Ungerechtigkeit und Ungleichheit zu überwinden. Dabei geht es zum einen um die politische Stärkung von Frauen und Mädchen, zum andern um die wirtschaftliche Stärkung von Frauen und Mädchen.

Das 21. Jahrhundert muss das Jahrhundert der Gleichberechtigung werden. Probleme, die von Menschen gemacht sind, so der Friedensnobelpreisträger und ehemalige deutsche Bundeskanzler Willy Brandt, können auch von Menschen gelöst werden. Die Gleichberechtigung von Frau und Mann muss endlich durchgesetzt werden. Die UN-Nachhaltigkeitsagenda 2030 verlangt nicht nur eine Umkehr im Denken, sondern auch im Handeln. Ungleichheit muss überwunden werden, damit Gewalt, Armut und Klimakrise eingedämmt werden können. Eine Lösung ohne die paritätische politische Partizipation von Frauen kann nicht nachhaltig sein.

Parität als Ziel

Eine Demokratie ist keine Demokratie, wenn nicht alle vollumfassend beteiligt sind. In Europa im 19. Jahrhundert begannen mit dem Zugeständnis von einigen Bürgerrechten wie Bildung erste Schritte. Mit der Einführung des aktiven und passiven Wahlrechts in der ersten Hälfte des 20. Jahrhunderts wurde in Europa ein Anfang zur demokratischen Partizipation von Frauen gemacht. Frauen hatten zu Beginn des 20. Jahrhunderts die Vorstellung, dass sich mit dem Wahlrecht alle Gleichberechtigungsfragen lösen ließen. Außerdem wurde zu Unrecht nur aktive Wahlrecht in den Vordergrund gestellt. Zu wenige Frauen kandidierten weltweit bei Wahlen und noch weniger Frauen wurden gewählt. In den USA gab es 1929 erstmals neun Frauen im Repräsentantenhaus und im Senat. Erst 1975, im internationalen Jahr stieg ihre Zahl auf 20 Sitze. 2020 beträgt der Frauenanteil im Repräsentantenhaus 23,43 %, im Europäischen Parlament liegt dieser Anteil bei 39 %. Die über Jahrzehnte gelebte Unterrepräsentanz von Frauen in der Politik steht für eine diskriminierende Politik, die nicht im Einklang mit der UN-Charta und der UN-Menschenrechtserklärung oder der Frauenrechtskonvention steht.

Das notwendige politische Empowerment der Frauen ist international gewollt. 75 Jahre nach Gründung der UN gibt es im Weltdurchschnitt stetige, aber nur zögerliche Fortschritte. Seit 1995 führten unter dem Druck von Frauenbewegung und weiblicher Wählerschaft fast 100 UN-Staaten eine Art Quotenregelung ein, um die politische Repräsentanz von Frauen zu stärken. Es waren spanische, italienische und französische Iniativen, die Quoten für erforderlich und rechtmäßig hielten. Das magere Ergebnis kann sich nicht sehen lassen: weltweit sind 25 % der Mandate für Parlamente in Frauenhand, 10 % der Regierungschefs und 41 % der Europaabgeordneten sind weiblich, eine bescheidene Steigerung.

Parität zwischen Männern und Frauen würde bedeuten, dass Staaten demokratisch und gleicher, dass Regierungen und Parlamente glaubwürdiger werden können, weil alle mitreden und mitentscheiden. Das politische Empowerment von Frauen macht Entscheidungen auch effizienter und richtiger. Diese Erkenntnis wird selbst von Wirtschaftsprüfungsgesellschaften über geschlechtergemischte Vorstände von großen Unternehmen gesagt. Wenn Frauen politisch mitentscheiden, verändern sie Gesellschaften wie beispielsweise in den nordischen Staaten oder in Neuseeland. Wie wichtig ist die Entlarvung der Lüge durch die Covid-10-Pandemie, dass unbezahlte Sorgearbeit keine Arbeit ist. Wie richtig handelten die Frauen, die an die Macht kamen und hierfür öffentliche bezahlbare Dienstleistungen durchsetzen.

Schweden ging weiter und behauptet, eine feministische Regierung zu haben. Neben dem Ministerpräsidenten gibt es 22 Kabinettsmitglieder, von denen 11 Frauen sind. Auch 50 % der Botschaftsposten sind mit Frauen besetzt. Gender Mainstreaming und Gender Budgeting sind wichtige Strategien der Regierung für ein politisches Empowerment von Frauen und Schwedens feministische Außen- und Handelspolitik sind Vorbild für Kanada, Mexiko und Frankreich.

Strukturelle Mechanismen müssen verändert werden, die sich in 2000 Jahren Männermacht aufgebaut haben. Das politische Empowerment verlangt die gleichberechtigte politische Partizipation, aber auch ihre Wahrnehmung. Frauen obliegt nach wie vor die Last der bezahlten und unbezahlten Sorgearbeit. Daher fehlt es ihnen häufig an Zeit und Geld für politisch Mitsprache und Mitentscheidung. Das muss sich ändern genauso wie sich Vorurteile gegenüber Frauen in der Politik geändert haben. Meinungsumfragen belegen, dass Menschen nicht mehr die Meinung vertreten, dass Männer die besseren Politiker sind. Politische Parteien weltweit sind gefordert, nicht nur Mentoring- und Bildungsprogramme für Frauen aufzulegen, sondern strategisch und konkret die Voraussetzungen für ihre paritätische Teilhabe zu schaffen.

Ein Ende von Ohnmacht, Beherrschung und Männermacht sind Ausdruck für Frauenstrategien zu mehr gleichberechtigtem und diskriminierungsfreien Miteinander in der Gesellschaft. Sie waren von der Zweiten Frauenbewegung genauso gewollt wie von der Aktionsplattform in Peking. Daher werden Strategien zum Gender Mainstreaming, Gender Budgeting und den aktuellen Paritätskonzepten gebraucht.

Die Geschlechterungleichheit ist Ausdruck von Diskriminierung und damit eine Menschenrechtsverletzung. Für den indischen Wirtschafts-Nobelpreisträger Amatyra Sen wie für die UN-Frauenrechtskonvention ist die

Geschlechterungleichheit ein Zustand, der aus der menschenrechtlichen und ökonomischen Perspektive negativ auf Gesellschaften wirkt. Artikel 21 der UN-Menschenrechtserklärung (Allgemeines und gleiches Wahlrecht) fordert: «Jeder hat das Recht, an der Gestaltung der öffentlichen Angelegenheiten seines Landes unmittelbar oder durch frei gewählte Vertreter mitzuwirken. Jeder hat das Recht auf gleichen Zugang zu öffentlichen Ämtern in seinem Lande. Der Wille des Volkes bildet die Grundlage für die Autorität der öffentlichen Gewalt; dieser Wille muss durch regelmäßige, unverfälschte, allgemeine und gleiche Wahlen mit geheimer Stimmabgabe oder in einem gleichwertigen freien Wahlverfahren zum Ausdruck kommen.» Diese Forderung von 1948 bleibt bis heute unerfüllt. Parität ist mehr denn je gefordert oder wie die Frauen auf der Demonstration 1996 in New York anlässlich der Sitzung der Frauenrechtskommission proklamierten: Planet Erde 50:50. Das Patriarchat und die männliche Hierarchieordnung haben ungleiche und ungerechte Gesellschaften geschaffen. Wenn eine menschliche Gesellschaft soziale Wirklichkeit werden soll, muss die männliche Gesellschaft überwunden werden

Männer regieren die Welt. Auf der Festveranstaltung zum 75. Geburtstag der Vereinten Nationen im September 2020 war erst die 58. Rednerin eine Frau, die slowakische Präsidentin. Dabei hat bereits die UN-Menschenrechtserklärung den Anspruch der Frauen auf gleichberechtigte politische Beteiligung festgelegt. In 193 UN-Staaten haben nur 11 Frauen als gewählte Staatschefinnen und 10 Frauen als Regierungschefs das Sagen. 14 Regierungen haben wie Deutschland, Frankreich, Spanien und die nordischen europäischen Staaten in ihren Kabinetten einen Frauenanteil von 50 %. Der Fortschritt gegenüber 1995 ist groß, weil damals Hillary Clinton als Präsidentengattin, nicht als Regierungsmitglied, als mächtigste Frau der Welt galt. Heute ist es die deutsche Bundeskanzlerin. Durchgängig war das Gruppenbild mit Dame. Deutschland hatte damals drei Ministerinnen im Kabinett: die Frauenministerin Claudia Nolte, die Justizministerin Sabine Leutheusser-Schnarrenberg, die Umweltministerin Angela Merkel. 1995 gab es gewählte Staatsoberhäupter in Guyana, Island, Irland, Liberia und Sri Lanka. Regierungschefinnen regierten nur in Bangladesch, Bulgarien, Haiti, Pakistan und in der Türkei. Deutschland hatte 1961 mit Elisabeth Schwarzhaupt die erste Ministerin, 1972 mit Annemarie Renger die erste Bundestagspräsidentin und seit 2004 mit Angela Merkel die erste Bundeskanzlerin und Regierungschefin. Heute sind 25 % der Abgeordneten weltweit weiblich. Diese Zahlen sind ein Erfolg, weil 1995 nur 12 % aller Abgeordneten Frauen waren. Staaten mit einer Quotenregelung erreichten 2019 einen Frauenanteil im Parlament von 30 %, Staaten ohne Quote nur einen Frauenanteil von 18 %. Immerhin hat sich der globale Paritätswert verbessert.

Frauen verändern, wenn sie Macht haben. Untersuchungen zeigen, dass sich Gesetzgeberinnen nicht nur für mehr Gleichberechtigung, sondern auch für bessere Bildung und Gesundheit sowie Maßnahmen zur Vereinbarkeit von Beruf und Familie von Frauen engagieren. Dabei ist auch das Ergebnis interessant, dass Frauen in Parlamenten den Einsatz von Gewalt in internationalen oder nationalen Krisen kritischer als Männer sehen. Die Beteiligung von Frauen an Macht garantiert allerdings keine bessere Regierungsführung, zumal sie sich männerbestimmten Auswahlprozessen stellen müssen. Wenn nicht mindestens 30 % der Regierungsmitglieder Frauen sind, sind ihre Beteiligungserfolge eingeschränkt. In vielen Ländern behindern institutionelle Strukturen und politische Systeme Frauen, Einfluss zu nehmen.

Die Fortschritte sind langsam. Die Weltgemeinschaft bleibt weit entfernt von einer paritätischen gleichberechtigten politischen Teilhabe von Frauen. Nicht einmal 10 % der Regierenden auf regionaler oder kommunaler Ebene sind Frauen. Aber immerhin liegt der Frauenanteil bei 36 %. Bürgermeister von Städten weltweit sind meistens Männer, nur 5 % der Stadtregierungen haben Frauen an der Spitze. Frauen pochen zu Recht auf Regeln und Transparenz, damit sich die Machtverhältnisse weltweit ändern. Quotenregelungen haben zur Verdoppelung von Frauenanteilen seit der Weltfrauenkonferenz 1995 geführt, vorwiegend in den Staaten, in denen es verbindliche Quotenregelungen gab.

Deswegen ist 2020 Parität, die Quote von 50:50, angesagt. Frankreich hat ein Paritätsgesetz. 1982 kam 2000 der Durchbruch, weil Artikel 3 der französischen Verfassung besagt: «Das Gesetz fördert den gleichen Zugang von Frauen und Männern zu den Wahlmandaten und -ämtern.» Das Paritätsgesetz galt nur für die Europawahl, die Regional- und Kommunalwahlen, nicht für die Wahlen zur Nationalversammlung. Der Erfolg war eindrucksvoll und führte zu mindestens 30 prozentigen Frauenanteilen. Frauen wurden als Wahlgruppe für die politischen Parteien.

2020 sind 38,8 % der Abgeordneten in der Nationalversammlung Frauen, weil die Macron-Partei in ihre Parteisatzung schrieb: «Parität zwischen Männern und Frauen bestimmt den Zugang zu verantwortungsvollen Posten innerhalb von LREM und zu Wahlmandaten. Paritätisch besetzt werden: der Vorstand, der Parteibeirat, die nationalen Delegierten, die Kommission zur Erstellung von Wahllisten.» Seine Bewegung hat einen Frauenanteil von 47 % der Abgeordneten.

Parität weltweit gefordert

In 81 UN-Staaten regeln Wahlen mit gesetzlichen Geschlechterquoten inzwischen die politische Partizipation der Bevölkerung, darunter 17 europäische Staaten. Für Frankreich, Italien und Spanien gilt die 50:50 – Teilhabe. Der Europäische Menschenrechtsgerichtshof urteilte 2011 und 2019, dass das spanische Paritätsgesetz und verbindliche Quotengesetze verfassungsgerecht sind. In Deutschland bleibt ein Paritätsgesetz umstritten. Das Paritätsgesetz verstößt nach Meinung von AfD, Verfassungsgericht Thüringen und Verfassungsgericht Brandenburg gegen die Verfassung und stellt einen Eingriff in mehrere Grundrechte und Verfassungswerte dar. Bürger könnten sich bei der Aufstellung der Landeslisten nicht mehr auf jeden Platz bewerben, sondern nur noch auf jeden zweiten Platz. Das beeinträchtige ihr passives Wahlrecht. Parteien könnten ihr Anliegen nicht mehr durch einen besonders hohen Frauen- oder Männeranteil unterstreichen, wenn der Staat paritätische Listen vorschreibe.

Das Landesverfassungsgericht Brandenburg hält das Paritätsgesetz für verfassungswidrig, weil es die Freiheit der politischen Parteien und die Freiheit der Wählerinnen und Wähler beeinträchtigt. Die Wahl ist das zentrale Element der Demokratie. Diese Wahl müsse immer und vollständig frei sein. Wer die Freiheit der Parteien einschränke, beschränke auch die Freiheit der Wähler.

Das Grundgesetz und die Landesverfassungen wollen beides gleichzeitig wollen beides gleichzeitig – die Freiheit von Wahlen und Parteien wie auch die Gleichberechtigung von Männern und Frauen. Das Grundgesetz hält beides gleichzeitig für möglich. Das Bundesverfassungsgericht sollte Klarheit darüber schaffen, wie dies möglich sein kann. Die politischen Parteien sind gefordert, die Wahlgesetze so zu verändern, dass beide Ziele des Grundgesetzes, die Freiheit von Wahlen und die Gleichberechtigung Wahlfreiheit endlich durchgesetzt werden können. Artikel 3 Absatz 2 des Grundgesetzes verpflichtet den Staat zu einem proaktiven Handeln.

Die entscheidende Frage bleibt, ob die durch das Paritätsgesetz verursachten Eingriffe durch andere Verfassungswerte gerechtfertigt werden können. Erforderlich wären «zwingende Gründe», bei Eingriffen in die Chancengleichheit sogar «besonders zwingende Gründe». Sie liegen angeblich nicht vor. Parität wird von Frauen und Frauenorganisationen deutschlandweit gefordert wie auch auf UN-Ebene. In der Europäischen Union reklamierten Ministerinnen, Abgeordnete und Frauenorganisationen bereits 1992 mit der Charta von

Athen jeden zweiten Platz in Parlamenten für Frauen. Die Athen-Charta will eine gesellschaftliche Transformation, weil sich paritätische Demokratie für Gleichheit, Demokratie, die gemeinschaftsförderliche Nutzung aller menschlichen Ressourcen, eine gemeinwohlorientierte nachhaltige Wirtschaftspolitik sowie die Bedürfnisse und Interessen von Frauen und eine hohe Qualität politischer Entscheidungen einsetzt.

Die paritätische Demokratie will den Frauenanteil in der Politik in demokratischen Gremien, in der Zivilgesellschaft, aber auch in Führungspositionen auf allen Ebenen erhöhen. Dieses Ziel verbindet sich strukturell mit gesellschaftlichem Wandel. Die paritätische Demokratie betont den gleichen Wert von Frauen und Männer und ist ein Bekenntnis zur Gleichstellung im Verfassungsverständnis von Artikel 3 Grundgesetz.

Die Gleichstellung von Frauen und Männern ist ein grundlegendes Recht und Prinzip für demokratische Systeme. Auch der Lissabon-Vertrag der Europäischen Union betont die Gleichstellung als Wert und Ziel der Europäischen Union. Erstmals macht die Europäische Union den Weg zu einer paritätischen Partizipation von Frauen frei. Mit Ursula von der Leyen ist erstmals in der europäischen Integrationsgeschichte eine Frau Kommissionspräsidentin. Erstmals ist die Europäische Kommission paritätisch besetzt und erstmals werden alle Vorhaben der Europäischen Kommission unter Genderaspekten geprüft. Die Gleichstellungsstrategie 2020 bis 2025 soll zu Fortschritten beitragen, auch in der Gesetzgebung, auch im Mehrjährigen Finanzrahmen und in der Haushaltspolitik. Das erste für Gleichstellungsfragen zuständige Kommissionsmitglied wird von einer Task-Force für Gleichstellungspolitik unterstützt, an der alle Kommissionsdienststellen und des Europäischen Auswärtigen Dienstes beteiligt sind. Mit einem Frauenanteil von 90 % hat das Europäische Parlament bei der Europawahl 2019 die paritätische Verteilung seiner Sitze nicht geschafft.

Demokratie wird durch Parität gestärkt, weil die männliche Überrepräsentanz geschwächt wird, die Bevölkerung insgesamt beteiligt ist und weil Geschlechtergleichstellung ein Beitrag zur Befriedung gegen Populismus und Ungleichheit sein kann. Deswegen ist es wichtig, dass zur Parität beim aktiven Wahlrecht auch die Parität beim passiven Wahlrecht dazugehört. Die Erste Frauenbewegung hatte gehofft, dass mit dem Frauenwahlrecht alle Gleichstellungsfragen gelöst werden können. Das Wählen allein reicht nicht. Frauen müssen auch gewählt werden, um die Stimme und Interessen der Frauen einzubringen und durchzusetzen.

Demokratie wird durch Parität gestärkt, weil die männliche Überrepäsentanz geschwächt wird, die Bevölkerung insgesamt beteiligt ist und weil Geschlechtergleichstellung ein Beitrag zur Befriedung gegen Populismus und Ungleichheit sein kann. Deswegen ist es wichtig, dass zur Parität beim aktiven Wahlrecht auch die Parität beim passiven Wahlrecht dazugehört. Die Erste Frauenbewegung hatte gehofft, dass mit dem Frauenwahlrecht alle Gleichstellungsfragen gelöst werden können. Das aktive Wahlrecht und Wählen allein reichen nicht. Frauen müssen gewählt werden, um ihre Stimme und Interessen einzubringen und durchzusetzen.

Jetzt liegen Verfassungsbeschwerden gegen durch Thüringische Parteien und Einzelpersonen beim Bundesverfassungsgericht vor. Die Verfassungsbeschwerden sind zugelassen. Dieses Vorgehen kommt zur richtigen Zeit, weil Emanzipationsfortschritte offensichtlich nicht ohne gesetzliche Unterstützung zu erreichen sind. Das mussten die Mütter des Grundgesetzes erfahren, die Artikel 3 im Grundgesetz durchgesetzt haben: «Männer und Frauen sind gleichberechtigt. Der Staat fördert die tatsächliche Durchsetzung der Gleichberechtigung von Frauen und Männern und wirkt auf die Beseitigung bestehender Nachteile hin.» Artikel 3 enthält ein Gleichheitsgebot, das grundsätzlich auch Beeinträchtigungen der Wahlrechtsgleichheit sowie der Chancengleichheit von Männern rechtfertigen kann. Ein Paritätsgesetz wäre Teil eines politischen Kulturwandels in Bezug auf Rollen, Vorurteile, Stereotype und die strukturelle Benachteiligung der Frau in der Gesellschaft und in der sozialen Wirklichkeit. Insofern kann das Paritätsgesetz der tatsächlichen Gleichberechtigung dienen wie es das Grundgesetz und die Landesverfassungen wollen.

Das Gleichberechtigungsgebot in Artikel 3 konkurriert mit der grundgesetzlich geschützten Parteifreiheit und dem Grundrecht auf allgemeine, unmittelbare, freie, gleiche und geheime Wahlen. Bei dem Verfahren vor dem Bundesverfassungsgericht muss geklärt werden, ob das Gleichberechtigungsgebot nur die Herstellung gleicher Chancen umfasst oder die Herstellung tatsächlicher Gleichheit fordert, also Ergebnisgleichheit. Insofern könnte Deutschland verpflichtet sein, ein Paritätsgesetz für die Wahlen zu allen Parlamenten zu verabschieden. Ein solches Paritätsgesetz müsste sowohl alternierende Listen vorschreiben sowie Formen von Halbierung der Wahlkreise, sodass Frauen und Männer gleichzeitig kandidieren könnten. In Staaten, für die nur das Verhältniswahlrecht gilt, ist das am einfachsten. Für Staaten mit Mehrheitswahlrecht ist das ein schwierigerer, aber lösbarer Prozess, weil immer nur eine Frau und ein Mann für den Wahlkreisprozess ausschlaggebend wären.

Paritätsgesetze wie in Frankreich sind die beste Lösung, wenn es nicht wie in den nordeuropäischen Staaten ein Verständnis von Gleichberechtigung gibt, das Frauen automatisch gleichberechtigt an die Seite von Männern stellt. Wenn sich die schwedische Regierung als feministische Regierung bezeichnet und das Konzept einer feministischen Politik inzwischen von mehreren Staaten weltweit verfolgt wird, gibt es eine positive Ansteckungschance. Erfolgreiche Beispiele machen Schule wie feministische Politiken von Schweden, Kanada, und Mexiko.

Am Machtgleichgewicht ändert sich 2020 strukturell wenig. Der Bundestag verweigert sich einer grundlegenden Wahlreform für die Bundestagswahl 2021, die zur gleichberechtigten Repräsentanz der Frauen in Parlamenten hätte genutzt werden können. Zu stark noch bestimmen patriarchalische Machtverhältnisse das Leben und Wirtschaften. Bisher haben die Globalisierung der Märkte und die Globalisierung von gesellschaftspolitisch relevanten Entscheidungen nicht dazu beigetragen, die Welt aus der Genderperspektive gerechter zu machen. Die Feminisierung von Armut, Hunger, Ungleichheit und Gewalt ist nach Meinung der Süd-Nichtregierungsorganisationen nur über eine Feminisierung von Macht aufzuhalten. Dazu braucht es der Parität für Ämter und Mandate, weil die Erfahrungen der letzten Jahrzehnte zeigen, dass eine ausgeglichene Partizipation weder automatisch erreicht noch nachhaltig gesichert werden kann.

Macht bedeutet Einflussnahme, um gesellschaftliche Verhältnisse zu verändern. Gendergerechtigkeit und Gender Empowerment müssen daher durchgesetzt werden. Der gesellschaftliche Strukturwandel ist erforderlich, um die Genderlücke in den politischen und ökonomischen Machtverhältnissen abzuschaffen. Die Geschlechterungleichheit ist eine Ungleichheit, die jegliche Form der Ungleichheit strukturell vertieft. Gender bezieht sich auf soziale und kulturelle Eigenschaften, Erwartungen und Normen. Dies gilt für alle Verhaltensweisen, die mit der Existenz als Frau oder Mann zusammenhängen. Geschlechterungleichheit liegt nicht an einem Mangel an Chancengleichheit, sondern an gesellschaftlichen Strukturen. Das zeigt sich schon daran, dass nationale Gleichstellungspläne in der Regel keine Wirkung haben. Im internationalen Vergleich sind nur 33 % aller Gleichstellungsinstitutionen mit angemessenem Personal und Haushaltsmitteln ausgestattet. Die Gleichstellungsinstitutionen können nur wirksam werden, wenn sie eine gesetzliche Grundlage haben und sichtbar sind. Zu Recht betont die UN-Agenda 2030 zur nachhaltigen Entwicklung den eigenen und instrumentellen Wert von Geschlechtergerechtigkeit und Gender Empowerment als eigenes Ziel, sieht aber gleichzeitig diese Ziele für alle 17 Ziele als Querschnittsaufgabe an, ohne die eine nachhaltige Gesellschaft und Weltordnung nicht zu erreichen ist.

Die Allgemeine Menschenrechtserklärung wie auch die Frauenrechtskonvention CEDAW sehen die Bedeutung von politischer Partizipation von allen für alle. Sie erkennen das Recht eines jeden Menschen an, sich an der Regierung seines Landes zu beteiligen. Der gleiche Zugang zu Macht, Entscheidungsfindung und wichtigen Ämtern und Mandaten ist entscheidend für demokratische Systeme. Niemand darf diskriminiert, ausgeschlossen oder marginalisiert sein.

Die UN-Menschenrechtserklärung sowie die UN-Charta von 1945 gehen von der gleichen Würde der Menschen aus. Ungleichheiten durch menschenrechtsverletzende Diskriminierungen finden sich beim Zugang zu öffentlichen Ämtern und Mandaten in allen Gesellschaften, die Frauen ihr passives Wahlrecht praktisch vorenthalten, weil sie Frauen für Amts- oder Mandatsträger nicht aufstellen. Männermachtmechanismen sind erfolgreich. Sie erschweren es Frauen, ihre gesellschaftlichen Freiheiten und Rechte zu nutzen und verhindern so eine diskriminierungsfreie Gestaltung des öffentlichen und privaten Lebens. Inklusives und demokratisches Regieren kann diese Diskriminierung und Ungleichheit nicht tolerieren.

Das Konzept einer paritätischen Demokratie, das hinter den internationalen Konventionen steht, will mehr Demokratie. Schließlich sind Frauen nicht nur vom Wahlrecht und Regieren ausgeschlossen gewesen, sondern auch von Entscheidungen über politische Programme, die ihr Leben direkt betreffen. Ungleiche gesellschaftliche Verhältnisse werden nur langsam überwunden. Sie können sich im Lauf von Zeiten und Generationen sogar wiederholen, wenn sich die Machtverhältnisse unter Genderaspekten nicht ändern. Die Geschlechtergerechtigkeit in Machtfragen hat schließlich die Demokratiefrage der gleichberechtigten Partizipation an Ämtern und Mandaten zum Inhalt, reicht aber über die formale Demokratie hinaus und will gesellschaftliche Verhältnisse im Interesse von mehr Geschlechtergerechtigkeit in Arbeitswelt und Umwelt, in Bildung, Gesundheit und Infrastruktur ändern. So fordern die UN-Nachhaltigkeitsagenda 2030 wie schon die Aktionsplattform von Peking 1995 den diskriminierungsfreien ökonomischen und politischen Status von Frauen, das Empowerment von Frauen und ihre volle gleichberechtigte Teilnahme. Die Partizipation an politischen Entscheidungen steht dabei an vorderster Stelle.

Die UN-Weltfrauenkonferenzen im 20. Jahrhundert wollten eine wirksame Beteiligung und forderten daher neben gleichstellungspolitischen Strategien wie Gender Mainstreaming und Gender Budgeting sowie Frauenförderung und die Quotierung für Frauen in allen Entscheidungsgremien, um ihrer Marginalisierung und Geringschätzung ein Ende zu setzen. Davon ist die politische Macht im 21. Jahrhundert noch weit entfernt. Auch Frauen in Entwicklungsländern waren trotz ihres Engagements in Befreiungskämpfen nach der Revolution oder der Befreiung vom Kolonialismus bei der Bildung erster Zivilregierungen wenig gefragt und hatten wenig Einfluss auf die Gestaltung der gesellschaftlichen Verhältnisse. Die algerische Revolution bildete eine rühmliche Ausnahme, weil Frauenmacht und die Gesetzgebung zur Gleichstellung gefördert wurden. Dieser hoffnungsvolle Gender-Machtansatz wurde schnell erstickt.

Die afrikanischen Befreiungsbewegungen und ihre Führung suchten für Ämter und Mandate Männer. Der Machismo in Lateinamerika prägte Wahlen, Kandidatenaufstellungen, Parlamentszusammensetzungen und Regierungsbildungen. In Chile und Peru, in El Salvador, Nicaragua, Argentinien, Chile und Nicaragua gab es viele engagierte Frauen. Sie konnten sich in den progressiven Revolutionsgesellschaften genauso wenig durchsetzen wie in konservativen Gesellschaften.

Wenn Frauen an die Spitze kamen, «beerbten» sie Männer und wurden so zu Staats- und Regierungschefinnen wie Argentiniens Staatchefin Evita Peron, die indische Premierministerin Indirah Gandhi oder die erste Premierministerin der Welt Sirimavo Bandaranaike aus Sri Lanka. Es entscheiden Blut- und Claninteressen, ein elitärer Prozess, der Frauen nur begünstigt, wenn sie die einzigen «Thronfolgerinnen» für Staats- und Amtspositionen sind. Weltweit glauben immerhin schon 43 % der Bevölkerung, dass Frauen bessere politische Führungspersonen sind als Männer. Untersuchungen der Weltbank kommen zu dem Schluss, dass die Akzeptanz von Frauen in Politikentscheidungen in Entwicklungsländern langsam fortschreitet, sich aber im Vergleich zu den Vorurteilen gegenüber Frauenmacht in Industrieländern entscheidend verändert. In der Europäischen Union gibt es kein einheitliches Bild über Frauen an der Macht: So sagen in Schweden nur noch 8 % der Bevölkerung, dass Männer bessere Politiker als Frauen sind. Mehrheitlich ist der Meinungsprozess immer noch nicht geschlechtsneutral. Selbst in Südafrika, in Chile, in Brasilien, in Uruguay und Peru verneinen aber zunehmend mehr Menschen, dass Männer die besseren Politiker sind. Ein wichtiger Bewusstseinswandel im 21. Jahrhundert.

Mangelnde Frauenpartizipation in Regierungen und Parlamenten beeinflusst die Lebens- und Arbeitsbedingungen sowie alle Chancen von Frauen negativ. Das 20. Jahrhundert hat allen Frauen weltweit politische Mündigkeit gebracht. Dabei wurde das passive Wahlrecht vergessen. Die faktische Gleichheit in der politischen Partizipation, die verfassungsrechtlich geboten und geschützt ist, blieb ein Fremdkörper selbst in den «alten Demokratien». Es war und bleibt ein Skandal, dass im Internationalen Jahrzehnt der Frau (1975 bis 1985) Frauen nicht einmal 10% der Machtpositionen besetzten. Richtigerweise begann in den 1980er- und 1990er-Jahren eine Strategiediskussion, um mehr Frauen an politischen Entscheidungsfindungen zu beteiligen. Die politischen Parteien waren mehr denn je an der weiblichen Wählerschaft interessiert, um Mehrheiten für sich zu organisieren. Die Entwicklung in Europa wie auf anderen Kontinenten zeugt davon. Frauen müssen sowohl in ihren eigenen vier Wänden wie in der Gesellschaft insgesamt «mächtig» sein.

Die gesellschaftliche Wirklichkeit ließ Frauenmacht nicht zu. Auf der Weltfrauenkonferenz in Nairobi 1985 versprachen sich Zehntausende von Frauen, die politische Gleichberechtigung als Schlüssel zur Überwindung von Armut und Ungerechtigkeit durchzusetzen. Schließlich lag damals der Anteil weiblicher Frauenmacht in Entwicklungsländern weit unter 10%.

Heute sind Fortschritte spürbar. Sie sind jedoch langsam und weit entfernt von gleichberechtigter Partizipation: Im pazifischen Raum, in Neuseeland, gibt es eine Frau als Regierungschefin und 16,7% Frauen im Parlament, im Mittleren Osten und in Nordafrika 17,5%, in Asien 20,6%, in Afrika südlich der Sahara 24,8%, in Europa 30,1% und in Lateinamerika 31,7%. Diese Entwicklung hat Frauen frustriert. Ihre Forderung nach mehr Ämtern und Mandaten für Frauen war begrenzt erfolgreich, obwohl inzwischen Regierungen und Parteien erkannt haben, dass sie die weibliche Wählerschaft brauchen. Fortschritte seit 1995 hat es in den nationalen Parlamenten gegeben. Weltweit sind durchschnittlich 25% der Mandate von Frauen besetzt. In allen afrikanischen Regionen und in vier von fünf Regionen in Asien hat sich der Anteil weiblicher Abgeordneter im Durchschnitt verdoppelt oder mehr als verdoppelt. Allerdings haben die meisten dieser Parlamente 1995 weniger als einen zehnprozentigen Frauenanteil gehabt. Positiver ist die Entwicklung in Ruandas Parlament, wo mit 64% der höchste Frauenanteil der Welt zu verzeichnen ist. Westasien bildet noch immer das Schlusslicht mit einem inzwischen neunprozentigen Frauenanteil. Für Südasien gibt es eine positive Entwicklung, weil Staaten eine Quotenregelung für Parlamentsabgeordnete eingeführt haben, z.B. Afghanistan, Bangladesch, Pakistan und einige indische Bundesstaaten. Auf kommunaler Ebene weltweit haben 5% weibliche Bürgermeister das Sagen. In Europa sind 15% der Frauen Bürgermeister, 4% mehr als 2010. Spitze sind dabei Island mit einem Frauenanteil von 36%, Schweden mit 32% und Finnland mit 31%

Eine 30-prozentige Quote des benachteiligten Geschlechts wird als kritische Masse erachtet, damit die Frauenanliegen gehört werden. Im Afrika südlich der Sahara haben seit der Befreiung vom Kolonialismus, für die viele Frauen gestritten und gekämpft haben, erst in diesem Jahrtausend acht afrikanische Staaten dieses Gleichstellungsziel erreicht. Südafrika, Argentinien und Kuba erreichen einen 40-prozentigen Frauenanteil. Unter den 40 UN-Staaten mit einem Frauenanteil von weniger als 10 % finden sich viele Entwicklungsländer.

Wichtige Funktionen in Parlamenten haben sehr wenige Frauen. In Afrika sind sieben von 54 Parlamentspräsidenten Frauen, in Asien gibt es gerade zwei, und auch in Lateinamerika und in der Karibik kennen nur vier Staaten eine Parlamentspräsidentin. Ein Zeichen für ungleiche Strukturen ist bereits die Zahl der Kandidatinnen, die in den meisten Staaten Afrikas, Asiens und Ozeaniens weniger als 20 % ausmacht. Ausnahmen bilden Ruanda und Burundi. In Costa Rica gibt es mehr weibliche als männliche Kandidaten, aber sichere Listenplätze oder Wahlkreise erhalten sie nicht. In Nepal sind weibliche Kandidatinnen für Parlamentswahlen erfolgreicher als männliche Kandidaten. Wahlsysteme haben überall weibliche Kandidaturen dort benachteiligt, wo Wahlsysteme als Mehrheitswahlsysteme konzipiert waren. Erst das Verhältniswahlrecht mit seinen Listenplätzen konnte Frauen bei der Durchsetzung ihres passiven Wahlrechts nützen.

Die Kombination von Verhältniswahlrecht und Quotenregelung hat sich als überaus erfolgreich erwiesen. Dabei waren gesetzliche Quoten erfolgreicher als freiwillige Selbstverpflichtungen politischer Parteien. Die von der Aktionsplattform von Peking geforderte Mindestquote von 30 % wird noch nicht einmal von der Hälfte der UN-Staaten für den Zugang zu politischen Ämtern und Mandaten durchgesetzt. In den meisten Ländern werden Quoten als ein effizientes Instrument angesehen, um Gendergerechtigkeit herzustellen. Neben den gesetzlichen Quoten gibt es Quoten in den Satzungen der politischen Parteien. Afrikanische Länder kennen das System der reservierten Sitze, um Frauen an der Entscheidungsfindung zu beteiligen. Es gibt aber immer noch nicht die Einsicht, dass die politische Gleichstellung allen Menschen der Weltgesellschaft nützt. UN-Women-Chefin Phumzile Mlambo-Ngcuka formuliert ihr Anliegen so: «Frauen wählen, und ihnen Mandate und Ämter zu geben, ist nicht nebensächlich oder trivial, sondern eine Schicksalswende.»

Für Gender-Quoten sprechen die dadurch geschaffenen Rahmenbedingungen, die die Aussichten für Kandidatinnen verbessern. Sie tragen auch dazu bei, Geschlechterstereotype aufzubrechen und das öffentliche Rollenverständnis für die Geschlechtergleichstellung verstärken. Schließlich ist die Annahme unzutreffend, dass sich qualifizierte Frauen in den Top-Etagen politischer und ökonomischer Macht auch ohne Quote durchsetzen. Das zeigt sich daran, dass weniger als 10 % der Spitzenmanager multinationaler Konzerne und der Regierungschefs Frauen sind, obwohl Frauen vor allem in den OECD-Staaten Bildungsgewinnerinnen sind. In den OECD-Staaten haben 51 % der 25- bis 34-jährigen Frauen einen Hochschulabschluss, bei gleichaltrigen Männern sind es nur 39 %.

In vielen Staaten Amerikas, Europas und der Entwicklungsländer protestieren Frauen gegen ihre politische Ohnmacht oder mangelnde Durchsetzungskraft. Der Mut vieler Frauen ist bewunderungswürdig – in Belarus wie im Sudan. Fortschritte in der politischen Gleichstellung werden über verbindliche Verpflichtungen der politischen Parteien oder über Gesetzgebung erreichbar sein. Wege von Frauen zu Spitzenämtern sind immer noch beschwerlich. Frauen wollen Macht: Macht bedeutet für sie Gendergerechtigkeit, ein Ende der Ungleichheit, ein Ende des Hungers, ein Ende von schlechten Arbeitsbedingungen und sexueller Ausbeutung.

Frauen, Krieg, Völkermord und Frauen

Frauen entscheiden in Konflikten immer noch nicht mit. Frieden bleibt Männersache, obwohl im Vergleich zu den Weltkriegen des 20. Jahrhunderts heute vor allem die Zivilbevölkerung Opfer kriegerischer oder gewalttätiger Handlungen in Konflikten ist. Frauen sind besonders betroffen. Selbst in Katastrophen werden Frauen im Vergleich zu Männern benachteiligt. Sie sind keine Entscheidungsträgerinnen.

Frauen wirken in der Regel weder bei Friedensverhandlungen noch bei Konfliktprävention und Konfliktüberwindung mit. Immer noch sind Frauen an Friedensverhandlungen kaum beteiligt, auch nicht an Konfliktprävention und Konfliktüberwindung, obwohl einerseits viele Frauen Opfer von Massenvergewaltigungen und Männergewalt sind und wichtige gesellschaftliche Rollen zur Konfliktüberwindung haben. Die UN-Zahlen sind skandalös: Obwohl es globale Normen und Standards zu Frauen, Frieden und Sicherheit gibt wie die UN-Sicherheitsresolution 1325 (2000) und weitere Sicherheitsratsresolutionen haben Frauen in den Entscheidungsgremien über Konflikte, Krieg und Frieden keine Stimme. Zwischen 1992 und 2019 haben Frauen bei den Verhandlungen eine geringe Rolle gespielt. 6 % der Mediator:innen und Unterzeichner:innen von Friedensabkommen waren Frauen. Bei den Friedensverhandlungen lag der Frauenanteil bei 13 %.

Nicht einmal 10 % der Abkommen betonen die Notwendigkeit der Förderung von Frauenorganisationen und von Infrastrukturinvestitionen ausgerichtet an den wichtigsten Bedürfnissen von Frauen. Nur sieben Abkommen halten Mechanismen für erforderlich, um die Verbrechen gegen Frauen zu untersuchen. Zur Wiedereingliederung von Frauen- und Mädchenkriegern äußern sich sieben Friedensabkommen. Vier Abkommen sehen in sexualisierter Gewalt einen Bruch des Waffenstillstands. In Burundi, in der Demokratischen Republik Kongo, im Irak, in Sierra Leone, im Sudan und in Timor-Leste wurden weniger als 8 % der Mittel nach Kriegsende auf Geschlechtergleichstellung und Frauenförderung verwendet. In Afghanistan, im Irak, in Liberia, Somalia und Timor-Leste sind nur 2,9 % der Haushaltsmittel für gleichstellungsspezifische Ziele ausgewiesen. Zu Recht fordert die UN-Resolution 2122 die Umsetzung der Beteiligung von Frauen, auch in Hinblick auf die Friedensgespräche zu Syrien.

Der Internationale Frauentag 1911 war der Beginn des großen und mächtigen Netzwerkens von Frauen weltweit. Auch wenn zunächst amerikanische, europäische und russische Frauen emanzipationspolitisch spitze waren, holten Frauenorganisationen in Entwicklungsländern in den kolonialen Befreiungskämpfen und in den Jahren nach der Unabhängigkeit von Kolonien gleichstellungspolitisch auf, können sich jedoch ohne organisierte Fraueninteressen nicht durchsetzen. Die Rolle von Frauenbewegungen und Frauenorganisationen zur Durchsetzung ihrer Interessen sind wichtig. Sie haben auf internationaler und nationaler Ebene dazu beigetragen, dass Konventionen und Gesetze zu gleichstellungspolitischen Erfolgen führten. Sie haben das Vertrauen der Frauen in ihre eigene Organisationskraft und ihre Fähigkeiten gestärkt.

Die Frauenbewegung war und ist eine Emanzipationsbewegung, eine Bewegung für Frieden und gegen Zerstörung. Dabei ging es Frauen nicht allein um Macht und Karriere, sondern um gesellschaftliche Veränderungen. Inzwischen sehen die meisten Frauen in ihrer Beteiligung an Macht den Schlüssel, um eine zukunftsfeste Gesellschaft zu organisieren. An Diskriminierungen können sie nichts ändern, wenn sie in Machtfragen nicht beteiligt werden. Feministische Bewegungen haben sich in den 1970er- und 1980er-Jahren häufig dem Gang durch die Institutionen verweigert und damit der Machtbeteiligung er Frauen. Während Männer nach dem Studentenprotest 1968 den Gang durch die Institutionen antraten und Mitsprache durchgesetzt haben, blieben Frauen aus den Frauenbewegungen in Europa draußen, weil für zu viele Frauen Macht negativ besetzt war. Diese Haltung hat sich geändert. Frauenbewegungen sind sich einig in der Forderung, die Beteiligung der Frauen zunehmend und nachhaltig zu verbessern.

Governance-Strukturen müssen Frauenpartizipation stärken. UN Women hält Parität für unumgänglich, um die politische Machtlosigkeit von Frauen zu überwinden. Politische Diskriminierung ist aber weit verbreitet. Frauen müssen lauter sprechen, wenn sie an die Spitze wollen. 25 Jahre nach der Weltfrauenkonferenz in Peking haben nur 20 der UN-Staaten eine Frau als Staats- oder Regierungschef, wenig mehr als 10 %. Regierungschefinnen gibt es in Dänemark, Finnland, Island, Deutschland, Norwegen, Neuseeland, Malawi, Moldawien, Barbados, Serbien. Positiv verändert hat sich das Geschlechterverhältnis in den Regierungskabinetten. In 14 Staaten gibt es einen Frauenanteil von 50 %. In Spanien und Finnland liegt er über 60 %. In den 190 erfassten UN-Staaten dominieren Männer allerdings immer noch in den Ministerien für Finanzen, Haushalt und Verteidigung. Nur 25 % der Finanzminister und 22 % der Verteidigungsminister sind Frauen. Frauen als Ministerinnen sind überwiegend in den Ministerien für Familie, Jugend, Kinder, Frauen, Soziales, Umwelt und Energie zu finden. Neun Staaten haben keine Frauen in den Regierungen, zum Beispiel Saudi-Arabien, Brunei, Thailand, Vietnam und Papua-Neuguineas.

Auch die Zahl der Frauen als Parlamentspräsidentinnen ist in allen Regionen gestiegen, mit Ausnahme der pazifischen Regionen. Mit einem Frauenanteil von 20,5 % hat sich der Anteil von Frauen an Parlamentsspitzen im Vergleich zur Weltfrauenkonferenz 1995 in Peking, verdoppelt. 2020 haben 70 Staaten bereits unterschiedliche, zeitlich befristete Maßnahmen ergriffen, wie gesetzliche Quoten, reservierte Sitze für Frauen oder Quotenregelungen in den Satzungen der politischen Parteien. Die Frauen müssen die Spielregeln in den Machtbeziehungen verändern, damit das 21. Jahrhundert ein Jahrhundert der Frauen wird. Es geht in der Demokratie von Gegenwart und Zukunft um eine volle gleichberechtigte Partizipation von Frauen.

Mit mehr Frauen in den Regierungen und Parlamenten verändert sich die Gesellschaft. Ein Beispiel aus Indien: In den Gemeinden, in denen mehrheitlich Frauen das Sagen hatten, gab es 20 % mehr Trinkwasserprojekte als in denen, in denen Männer regierten. In anderen Staaten setzten sie vor allem öffentliche Dienstleistungen für Kinder durch. Die Vereinten Nationen kritisieren wiederholt den geringen Anteil von Frauen an politischen Entscheidungen. Die Frauenrechtskonvention fordert alle Unterzeichnerstaaten auf, die Geschlechtergleichheit in ihre Verfassungen aufzunehmen und in ihrem Rechtssystem Diskriminierungen zu beseitigen, positive Maßnahmen für Geschlechtergleichstellung zu ergreifen. Von großer Bedeutung sind die Frauenbewegungen. Es waren Frauenbewegungen, die bereits in vorherigen Jahrhunderten, aber auch heute Fortschritte für Geschlechtergleichstellung organisiert haben und organisieren. Sie sind die Lobby der Frauen.

Anders als früher sehen Frauen heute die Notwendigkeit für Transparenz in der Planung von politischer Regierungsarbeit und von Haushalten. Mithilfe dieser Transparenz wollen Frauen gewährleisten, dass die Bedürfnisse und Prioritäten von Frauen ernst genommen werden. Unter dem Vorwand der Geschlechterneutralität werden vielfach finanzielle und politische Maßnahmen beschlossen, die einseitig Frauen benachteiligen. Deswegen sind Gender Mainstreaming und Gender Budgeting aus der Sicht von Politikerinnen von zentraler Bedeutung, weil einerseits Fortschritte gemessen werden können, um Diskriminierung zu beseitigen, andererseits verdeutlicht wird, dass Finanzmittel aus der Sicht von Frauen besser und anders eingesetzt werden können. Politisch mündig, aber noch nicht machtvoll. Es ist auffällig, dass sich seit der Weltfrauenkonferenz von Peking 1995 die Frauenpartizipation an Macht so langsam und nur in einigen Weltregionen verändert hat. Wenn mehr Frauen Parlamentsabgeordnete sind, steigt in der Regel die Zahl weiblicher Minister. Auch hat die Debatte um die politische Partizipation von Frauen und ihren gleichberechtigten Zugang zu Ämtern und Mandaten dazu geführt, dass sich nur noch Diktaturen, der Vatikan oder islamisch geprägte Staaten eine rein männliche Regierung leisten können. Auch eine Regierung als Gruppenbild mit mindestens einer Dame wird nicht mehr akzeptiert.

Politisches Empowerment

Der Skandal Ungleichheit hat historische Wurzeln, weil Entscheidungsstrukturen weltweit männlich dominiert waren und sind. Die patriarchalen Strukturen haben sich über Jahrhunderte verfestigt. Sie führen noch heute dazu, dass Frauen auf allen Entscheidungsebenen im privaten wie im öffentlichen Leben nur begrenzt beteiligt sind. Damit verbunden war auch die mangelnde Verfügungsgewalt über Ressourcen, Rechte und Berechtigungen für Frauen. Das war in Europa nach dem Zweiten Weltkrieg die Regel wie heute in vielen außereuropäischen Ländern. Ein Mangel an rechtlicher Gleichheit verweigert Frauen das Eigentum an Land, das Erbrecht, den Zugang zu Krediten, den Schulbesuch, Zugang zu Beschäftigung, beruflichem Aufstieg und Nichtdiskriminierung in der Arbeitswelt. Viele Staaten haben große Fortschritte in ihrer Gesetzgebung gemacht, aber immer noch fehlt es an der faktischen Umsetzung von Rechten und der Überwindung struktureller Diskriminierung. Frausein verschärft jede soziale Ungleichheit. Ein nachhaltiger Strukturwandel braucht institutionelle Reformen, öffentliches Bewusstsein und aktive Frauenorganisationen.

Eine Herausforderung besteht darin, dass es keine Rechenschaftspflicht für Regierungen darüber gibt, warum und inwiefern Gendergleichheit immer noch nicht erreicht ist. Die Exklusion von Frauen in Entscheidungsgremien ist ein wichtiger Grund. Selbst die Welternährungsorganisation stellt klar, dass, wenn Frauen in der Landwirtschaft die gleichen Ressourcen wie Männern zur Verfügung gestellt würden, die Erträge der Frauen gleich hoch, wenn nicht höher wären als die der Männer. Vergleichbare Erkenntnisse gelten auch für Frauen in Unternehmen und wirtschaftlichen Entscheidungsgremien. Frauen haben weder die gleiche Ausstattung noch die gleiche Lobby- und Netzwerkarbeit wie Männer. Deswegen setzt sich zunehmend die Forderung durch, Entscheidungsgremien zu quotieren. Nach wie vor behindern Frauen strukturelle Ursachen am Zugang zu Macht. Insbesondere Gewalt gegen Frauen in jeglicher Form gehört zum Frauenalltag, kostet Frauen ihr Selbstbewusstsein, ihre Würde und manchmal auch ihre Zukunft. Sie verändert negativ gesellschaftliche Verhältnisse und wirtschaftliche Entwicklungen. Mit Frauen muss Politik nicht besser werden. Sie kann es aber. Frauen sind die andere Stimme in der Gesellschaft, die gehört werden und mitbestimmen muss.

Eine transformative Gesellschaft ist auf Frauenpower angewiesen und weist Gewalt zurück. Das Herrenhaus der Macht ist altmodisch geworden und wenig zukunftsfest. Im Zeichen der Globalisierung geht es um Werte und Visionen für demokratisch verfasste Gesellschaften und ihre künftigen Entwicklungen. Neben Freiheit und Gerechtigkeit bleibt die Gleichheit anders als in der allgemeinen Erklärung der Menschenrechte faktisch zurück. Frauen und Männer müssen einen neuen Sozialvertrag schließen, der den Wert von Gleichheit in modernen demokratischen Gesellschaften festlegt. Demokratie braucht Freiheit und Gleichheit, Männer und Frauen, wenn nicht die Demokratie selbst in Gefahr kommen soll.

Kapitel 5
Wirtschaftliche Globalisierung
Chancen und Risiken für Frauen

Die Weltwirtschaft braucht die Frauen. Diese Feststellung der G-20-Gipfel beruht auf bekannten Tatsachen, weil die Länder mit den höchsten Frauenerwerbsquoten die wettbewerbsfähigsten Länder sind und die Steigerung der Frauenerwerbsarbeit in den USA und anderen alten Industrieländern, aber auch in den Schwellenländern und in Entwicklungsländern zu mehr Wohlstand geführt hat.

Die Covid-19-Pandemie hat gezeigt, dass systemisch wichtige Arbeit, bezahlte und unbezahlte Sorgearbeit, care, vor allem von Frauen geleistet wird. Diese macht fast ein Drittel des Bruttoinlandsprodukts aus. Frauen bleiben in Wirtschaft und Arbeitswelt weiterhin diskriminiert. Die Genderdiskriminierung ist soziale Wirklichkeit urteilen UN-Analysen, der ILO-Frauenbericht 2018 und der Bericht vom Weltwirtschaftsforum 2020. Dabei regeln internationale Konventionen gleiche Frauenrechte in der Arbeitswelt seit 75 Jahren wie z. B. die UN-Charta, die UN-Menschenrechtserklärung, der UN-Sozialpakt und die Frauenrechtskonvention. Gegen Diskriminierung in Beschäftigung und Beruf wenden sich seit Jahrzehnten Konventionen der Internationalen Arbeitsorganisation (ILO) und die UN-Agenda 2030, die Nachhaltigkeit auch als Geschlechtergerechtigkeit begreift. Auch wenn seit dem Ende des Zweiten Weltkriegs die Frauenbeschäftigung rasant gestiegen ist, in vielen Gesellschaft Alltag geworden ist, prägen die Geschlechtersegregation und die geschlechtsspezifischen Benachteiligungen auf dem Arbeitsmarkt die Weltarbeitsgesellschaft und die wirtschaftliche Teilhabe von Frauen.

Die Globalisierung der Märkte hat die Frauenerwerbsarbeit gefördert. Mehr Frauen als je zuvor gehen einer bezahlten Erwerbsarbeit nach, im Dienstleistungssektor und in Entwicklungsländern. Nur jede 10. Frau kann sich vorstellen, nicht berufstätig zu sein. In den meisten OECD-Staaten machte die Zunahme der Frauenerwerbstätigkeit einen Großteil des Beschäftigungswachstums aus und trug zum Bruttosozialprodukt bei. Die EU mit ihrer Lissabon-Strategie 2000 sowie die lateinamerikanischen Staaten setzen auf dieses Konzept. In Entwicklungsländern waren es Arbeitsplätze im informellen Sektor, die Millionen Frauen erstmals Wege zu einer bezahlten Erwerbsarbeit in Fabriken in Freihandelszonen öffneten. Vor allem junge Frauen aus ländlichen Gebieten zog diese Arbeitsplätze an, weil sie ihr Geld zur Unterstützung ihrer Familien oder für ihre Aussteuer nutzen konnten. Diese neuen Frauenarbeitsplätze kennzeichnen allerdings ausbeuterische Arbeitsbedingungen ohne Sozial- und Kündigungsschutz, ohne Respekt vor ILO-Kernarbeitsnormen und ohne Schutz bei Schwangerschaft und Mutterschutz. In der Regel sind diese Arbeitsplätze in der Textil-, Leder-, Chemie-, Chip- und Blumenproduktion und auf Tee- und Kaffeeplantagen vor allem Frauenarbeitsplätze. Tee und Kaffee sind in Europa billig, weil Frauen so schlecht bezahlt und behandelt werden.

Die UN, die Internationale Arbeitsorganisation, die OECD, Gewerkschaften und Frauenverbände prangern die Diskriminierung der Frau in Wirtschaft und Arbeitswelt an, weil sie gegen alle internationalen Konventionen verstößt. Diskriminierung zeigt sich an der Erwerbslücke zwischen Frauen und Männern weltweit. Die Erwerbsquote beträgt bei Frauen 48,5 % (2018) und ist damit um 26,5 % niedriger als die der Männer. Die geschlechtsspezifische Spaltung des Arbeitsmarktes trägt dazu bei. Mehr als 2,7 Milliarden Frauen leiden unter geschlechtsspezifischen Berufsverboten. Von 189 Volkswirtschaften, für die Daten vorliegen, gibt es noch heute 18 Volkswirtschaften, in denen Ehemänner den Ehefrauen ihre Berufstätigkeit verbieten, und 104 Volkswirtschaften, die Frauen für Zugang zu bestimmten gewähren. Gesetze gegen sexuelle Belästigung am Arbeitsplatz fehlen in 59 Volkswirtschaften.

Überproportional sind Frauen weltweit in prekären Beschäftigungsverhältnissen (Industriestaaten) und im informellen Sektor (Entwicklungsländer) zu finden. 42 % aller Beschäftigten kennen weder Arbeitsplätze mit existenzsicherndem Einkommen noch haben sie Arbeitsbedingungen, die den internationalen Kernarbeitsnormen entsprechen. Mehr als 1,4 Milliarden Menschen sind selbstständig oder arbeiten als Familienangehörige im Eigenbetrieb mit den Gefahren von Armut und fehlendem Sozialschutz. In Entwicklungsländern liegt ihr Anteil bei 76,4 %, in Schwellenländern bei 46,2 %. Frauen sind in der informellen Arbeit überrepräsentiert, vor allem in den afrikanischen Sub-Sahara-Staaten. Aber auch in den Industrieländern hat die Zahl der Frauenerwerbsarbeitsplätze zugenommen, die befristete Arbeitsverträge, Teilzeitarbeit, prekäre Beschäftigung und sozial ungesicherte Soloselbstständigkeit prägen.

In vielen Regionen der Welt werden Frauenrechte wieder bedroht. G20 betont auch 2020 erneut die Gleichheit von Frauen und Männern sowie Frauenrechte als Menschenrecht und die Notwendigkeit, Frauen wirtschaftlich zu stärken. Die wirtschaftliche Stärkung von Frauen ist eine Voraussetzung für nachhaltige Entwicklung und nachhaltiges inklusives Wachstum sowie für die Umsetzung der UN-Agenda 2030. Die wirtschaftliche Stärkung von Frauen respektiert ihr Menschenrecht.

Wirtschaftliches Empowerment

Wirtschaftliches Empowerment wird als Prozess betrachtet, mit dem Frauen ihren Anspruch auf Zugang zu wirtschaftlichen Ressourcen und wirtschaftlichen Entscheidungen verbessern, damit sie Armut bekämpfen und Wohlstand für sich, ihre Familien und die Gemeinschaft erreichen können. Immer wollten die Frauenbewegungen weltweit wie die feministischen Ökonominnen Nancy Fraser und Esther Boserup eine Veränderung der kapitalistischen Wirtschaftspolitik und forderten eine gemeinwohlorientierte Wirtschaftspolitik. Schließlich unterscheiden sich weltweit die gesellschaftlichen Rollen von Frauen und Männern und dieser Unterschied führt dazu, dass weder Armut noch Ungleichheit mit Erfolg bekämpft werden.

Die internationalen Gipfeltreffen der wichtigsten Staaten der Welt, G20 und G7, sehen in einer Stärkung der wirtschaftlichen Rolle und Verantwortung der Frau eine Quelle für weiteres Wirtschaftswachstum, größere und bessere Entwicklungsfortschritte und Chancen zum Abbau von Ungleichheit, ein Ziel der UN-Nachhaltigkeitsagenda, das ohne Gender Economic Empowerment nicht erreichbar ist. Immer noch zählen die ungleichen Bildungschancen, die

Rollendiskriminierung, die unbezahlte Sorgearbeit, die Diskriminierung beim Zugang zu Finanzen und neuen Technologien als Ursachen für die Ungleichheit und Diskriminierung. Das Weltwirtschaftsforum schätzt, dass es noch über 100 Jahre dauern wird, bis die Genderlücke bei der Erwerbsarbeit und bei der Entlohnung geschlossen sein wird.

Statistiken unterstreichen, dass auch die Europäische Union das Ziel der Gleichstellung der Geschlechter nur teilweise erreicht hat. Der Gleichstellungsindex des Europäischen Gleichstellungsinstituts EIGE 2020 zeigt, dass so gut wie kein Fortschritt in der wirtschaftlichen Stärkung der Frau erreicht worden ist. Dabei ist das Recht auf Arbeit ein Menschenrecht. Frauen und Männer müssen zu gleichen Bedingungen diskriminierungsfrei am Wettbewerb auf dem Arbeitsmarkt und in der Wirtschaft teilnehmen können.

Die UN-Menschenrechtserklärung unterstreicht, dass jede Person dieselben Rechte und dieselbe Würde besitzt und nicht diskriminiert werden darf. Die Stärkung der wirtschaftlichen Stellung der Frau wird vor allem durch soziale Normen, Vorurteile und Geschlechterstereotypen verhindert. In der Europäischen Union z.B. besitzen Frauen einen höheren Bildungsabschluss als Männer. 34% der erwerbstätigen Frauen haben ein höheres Bildungsniveau mit Universitätsabschluss bzw. ein vergleichbares Bildungsniveau im Verhältnis zu 28% der Männer. Dennoch sind die berufliche Segregation und das geschlechterbedingte Lohngefälle in der Europäischen Union mit durchschnittlich 16,1% und das durchschnittliche Rentengefälle mit 40,2% sehr ausgeprägt.

Die Nichtdiskriminierung ist ein Menschenrecht. Auch bietet ein geschlechtergerechter Arbeitsmarkt Vorteile. Es bedarf aber nachhaltiger Steuerung, Transparenz und Kohärenz in allen Prozessen. Die Erwerbsquote kann durch Maßnahmen wie z.B. eine geschlechtergerechte Steuergesetzgebung erhöht werden. Eine größere Teilhabe der Frauen am Arbeitsmarkt kann positive Auswirkungen haben, wenn sich Anstrengungen auf «Decent Work», gute Arbeit, richten. Die Erfahrungen in Leitungsgremien der Privatwirtschaft weltweit und im öffentlichen Sektor zeigen, dass sich ein ausgewogenes Verhältnis der Geschlechter positiv auswirkt.

Ungleichheit darf nicht nur nicht toleriert werden, sondern erfordert auch proaktives Handeln der Regierungen. Dazu fordert die UN-Frauenrechtskonvention (CEDAW) auf. Eine deutlich verbesserte Vereinbarkeit von Beruf- und Privatleben muss über eine umfassende und bezahlbare, möglichst kostenlose soziale Infrastruktur gewährleistet werden. Sonst wird es Frauen nicht möglich sein, zu gleichen Bedingungen am Arbeitsmarkt zu konkurrieren.

Auch die unfreiwillig ausgeübte Teilzeitbeschäftigung könnte bei besserer, aus öffentlichen Mitteln finanzierter Kinderbetreuung- und -pflege abgebaut werden. Die Europäische Stiftung Eurofound schätzt die Kosten für die wirtschaftliche Ausgrenzung einer einzigen Frau über Berufsleben hinweg abhängig von Bildungsniveau auf 1,2 bis 2 Millionen Euro. Zur Durchsetzung der wirtschaftlichen Stärkung der Frau müssen die traditionell weiblich dominierten Berufe aufgewertet werden, die gleichermaßen systemrelevant sind wie viele traditionell männlich dominierte Berufe.

Gender Economic Empowerment verlangt einen neuen strategischen Ansatz, der die vielfältig vernetzen Problemstellungen gleichzeitig angeht. So muss es eine höhere Frauenerwerbsquoten im formellen Sektor und die Abschaffung der Arbeitsplätze im prekären und informellen Sektor geben. Gute Arbeit muss die Regel werden. Gute Arbeit heißt für Frauen wie für Männer existenzsichernder Lohn, menschenwürdige Arbeitsverhältnisse und gleiche Lohn- und Arbeitsbedingungen. Frauenarmut muss bekämpft werden, insbesondere von Alleinerziehenden. Wichtig sind auch der gleiche Zugang zu Führungspositionen, eine gute Sorge-Infrastruktur für Kinderbetreuung, Krankheit und Pflege, sowie eine gleiche Aufgabenteilung für Männer und Frauen in Haushalt und Familie. Hilfreiche Instrumente zur Durchsetzung der guten Arbeit sind Gleichstellungspläne in der privaten Wirtschaft und im öffentlichen Dienst, sowie die Strategien von Gender Mainstreaming und Gender Budgeting.

Die Stärkung der wirtschaftlichen Integration von Frauen schafft die Grundlage für die gesellschaftliche Gleichstellung der Geschlechter sowie die politische Stärkung von Frauen und Mädchen. Dazu gehören auch die sexuellen und reproduktiven Gesundheitsrechte und der universale Zugang aller hierzu, ohne dass es der Zustimmung von Dritten bedarf.

Lohnungleichheit diskriminiert

Besonders dramatisch und diskriminierend ist die Lohndiskriminierung von Frauen. Frauen verdienen nicht mehr als 77 % des Männerlohns bei gleichwertiger Arbeit. Selbst in Deutschland beträgt die Lohnlücke 2020 21 %. Gleiche Arbeit und gleicher Lohn waren in der Geschichte der internationalen Frauenpolitik Forderungen, die bereits von der Ersten Frauenbewegung empört beschworen wurden. Die Lohndiskriminierung traf und trifft Frauen hart.

Neben den Forderungen auf das gleiche Wahlrecht prägte die Forderung nach Lohngleichheit den jeweiligen Internationalen Frauentag, 1858 streikten in New York Textilarbeiterinnen für gleichen Lohn. Damals entstand das bekannte Lied «Brot und Rosen», das international zu einer Art Losung für die Frauenbewegung und die internationalen Frauentage wurde. Frauen wollen gleichberechtigt in der Arbeitswelt eine Rolle spielen, aber auch ein gutes Leben. 1917 streikten in St. Petersburg Frauen in den Spinnereien und Webereien für Lohngleichheit. 1951 wurde dann die ILO-Konvention (100) verabschiedet, die Kernarbeitsnormen für die Weltgemeinschaft und Lohngleichheit für gleiche Arbeit gebietet. Als erster internationaler Vertrag enthält der Vertrag von Rom 1957 dann für die Europäische Union und die EU-Mitgliedstaaten die Verpflichtung, das Gleichheitsgebot in der Arbeitswelt zu beachten. Der Europäische Gerichtshof erweiterte und vertiefte durch Rechtsanwendung die Lohngleichheitsverpflichtung zu einem Recht auf Gleichheit und Nichtdiskriminierung in der Arbeitswelt.

Die Überwindung der geschlechtsspezifischen Lohnlücke ist auch ein Ziel der UN-Konventionen und der UN-Frauenrechtskonvention. Neu ist die Internationale Koalition für gleichen Lohn, EPIC, ein Zusammenschluss von UN Women, ILO und OECD , die Daten sammelt und mit allen maßgeblichen Institutionen zusammenarbeitet, um bis 2030 eine geschlechtergerechte Bezahlung durchzusetzen.

Gründe für die Lohnunterschiede liegen in der hohen Frauenbeschäftigung im Niedriglohnsektor und in der vertikalen und horizontalen Segregation auf dem Arbeitsmarkt, aber auch in der Bewertung der überwiegend von Frauen erbrachten Arbeitsleistungen. Das Lila Ghetto prägt immer noch Frauenerwerbstätigkeit in Deutschland und in der Europäischen Union. Die Lohnlücke ist auch die Hauptursache für die Altersarmut, weil geringe Löhne geringe Beiträge zur Sozialversicherung bedeuten. Weltweit ist der Sozialschutz von Frauen weder in der Altersversorgung noch in der Gesundheitsversorgung gewährleistet. Fast 40 % der erwerbstätigen Frauen weltweit haben hierzu keinen Zugang. Die Benachteiligung der Frau hängt nach wie vor damit zusammen, dass sie 2,5 mal mehr Zeit für unbezahlte Pflege und Hausarbeit aufwenden als Männer und ihr Beitrag für die Gesellschaft einen Geldwert von zwischen 10 bis 39 % des BIP ausmacht, der nicht einmal mit angemessenen Diensten der Daseinsvorsorge ausgeglichen wird. Der Druck der unbezahlten Sorgearbeit führt dazu, dass Frauen nicht «marktfähig» sind, weil sie aus Zeitmangel dem Markt nicht zur Verfügung stehen. Dagegen helfen nur bessere Partnerschaftskonzepte und Arbeitsteilung bei der Sorgearbeit zusätzlich zu einem umfassenden bezahlbaren qualitativ hochwertigen Angebot öffentlicher Betreuungs- und Pflegeangebote. Überdies droht eine neue Diskriminierungswelle, weil die Mehrheit der Armen ohne Zugang zur Digitalisierung Frauen und Mädchen ist. Eine geschlechtsspezifische digitale Kluft schafft eine neue Klassengesellschaft.

Die Ökonomisierung aller Lebensbereiche durch neoliberale Wirtschaftskonzepte hat dazu geführt, dass Menschen als Wirtschaftssubjekt und Wirtschaftsobjekt angesehen, ihre Rechte und Würde hingegen vernachlässigt wurden. Deswegen hat die Frauenemanzipation weniger Fortschritte zu verzeichnen als erwartet. Die Aktionsplattform von Peking 1995 bleibt 25 Jahre später das Grundbuch für Veränderungen, wenn es um Geschlechtergerechtigkeit und Gender Empowerment geht. Der rechtlichen und politischen Mündigkeit der Frau im 20. Jahrhundert muss die faktische und wirtschaftliche Geschlechtergleichstellung im 21. Jahrhundert folgen.

Frauen verrichten nach wie vor zwei Drittel der Weltarbeitsstunden, verdienen nur 10 % des Welteinkommens, sind Lohnarbeiterinnen oder Selbstständige im informellen Bereich ohne soziale Absicherung, machen den Großteil der prekären Beschäftigung aus , sind Opfer von Menschenhandel, von sexualisierter Gewalt, Ausbeutung und krankmachenden Arbeitsbedingungen. Hunger begleitet sie, die Nahrungsmittel produzieren und dennoch nur eine Mahlzeit pro Tag essen. In vielen Staaten Afrikas und Asiens wird darüber geschwiegen. Dabei sind es die Frauen, die im Alltag oder bei Flucht und Unterdrückung das Überleben organisieren müssen, aber keinen Einfluss haben, nur ihren Überlebenswillen für sich und ihre Familie. Ihnen fehlen politische und wirtschaftliche Macht und der gleichberechtigte Zugang zu Partizipation, Eigentum und Ressourcen, aber auch zum Ausbau ihrer Kapazitäten, Begabungen und Erfahrungen. Dazu fehlt es an Respekt der Gesellschaft und der Staaten vor sexueller und reproduktiver Gesundheit und Rechten von Frauen. Wird dieser Respekt versagt, vertieft sich die Geschlechterungleichheit.

Nach Berechnungen des Weltwirtschaftsforums wird es bis zur wirtschaftlichen Gleichstellung von Frauen und Männern Gender im Weltdurchschnitt noch 170 Jahre dauern, wenn sich die ökonomische Integration von Frauen nicht beschleunigt. Dabei wird für Westeuropa mit 47 Jahren gerechnet, für Afrika südlich der Sahara mit 63 Jahren, für Osteuropa und Zentralasien mit 93 Jahren, für Ostasien und den Pazifik mit 111 Jahren, für den Nahen Osten und Nordafrika mit 356 Jahren. Wesentliche Hindernisse auf dem Weg zu ökonomischer Gleichberechtigung sind systemische Zwänge sowie entgegenstehende soziale Normen, Diskriminierung in Recht und Gesetz, Versagen in Bezug auf die Umverteilung unbezahlter Haus- und Sorgearbeit und Genderlücken beim Zugang zur digitalen Welt, zu finanziellen Ressourcen und Eigentum.

Das Economic Empowerment oder die wirtschaftliche Stärkung von Frauen ist Ziel der UN-Agenda 2030, aber auch von G7 und G20. Ohne die Verwirklichung der Gleichberechtigung in Wirtschaft und Arbeitswelt wird es keine nachhaltige Entwicklung auf der Welt geben. Die Frauendiskriminierung in Wirtschaft und Arbeitswelt dauert an, obwohl die UN-Charta wie die internationalen Konventionen bereits seit 75 Jahren gleiche Rechte für Frauen in der Arbeitswelt gefordert haben, vor allem gleicher Lohn, gleiche Arbeitsbedingungen und Arbeitsschutz bei Schwangerschaft und Mutterschutz. Die Fortschritte zeigen sich an der Verringerung der Lohnlücke zwischen Frauen und Männerlöhnen, an der erheblich gestiegenen Zahl der erwerbstätigen Frauen, ihrer Integration in den Arbeitsmarkt und ihrem Zugang zu Führungspositionen. Diskriminierung von Frauen: Frauen arbeiten ungeschützt

Diskriminierung von Frauen: Frauen arbeiten ungeschützt

Weltweit sind rund zwei Milliarden Menschen – 61 % der Beschäftigten – im informellen Sektor tätig, davon 740 Millionen Frauen. Die Verbreitung von informeller Arbeit hat ein Ausmaß erreicht, das in Entwicklungsländern, aber auch in Industriestaaten das Risiko von Armut und ungenügender sozialer Absicherung markant erhöht. In einer Studie *Is Informal Normal?* hat das Entwicklungszentrum der Organisation für wirtschaftliche Zusammenarbeit und Entwicklung (OECD) ermittelt, dass gegenwärtig rund 1,8 Mrd. Menschen, d.h. mehr als die Hälfte der globalen Arbeitsbevölkerung, ohne formellen Arbeitsvertrag und ohne soziale Absicherung arbeiten. Selbst bei stabiler Bevölkerungs- und Wachstumsentwicklung dürfte der Anteil bis 2020 sogar auf zwei Drittel steigen. Noch schlechter würde die Situation werden, falls durch die Covid-19-bedingte Wirtschaftskrise weitere Arbeitsplätze verloren gehen und Migrant:innen in ihre Heimatländer und den informellen Sektor zurückkehren. Der OECD-Beschäftigungsausblick 2020 geht davon aus, dass selbst im Falle der günstigsten Entwicklung die OECD-weite Arbeitslosenquote im vierten Quartal 2020 9,4 % erreichen könnte, der höchste Wert seit der Weltwirtschaftskrise der 1930er-Jahre. Die Beschäftigung dürfte 2020 im Durchschnitt 4,1 bis 5 % niedriger sein als 2019.

Die Regierungen vor allem in europäischen Staaten haben zu Beginn der Krise Konjunkturpakete in beispiellosem Umfang aufgelegt. Eine große Rolle spielten dabei arbeitsplatzerhaltende Maßnahmen wie die Ausweitung der Kurzarbeitsregelungen. Die Zahl der geleisteten Arbeitsstunden brach ein: In den OECD-Ländern, für die entsprechende Daten vorliegen, sank sie in den ersten drei Monaten der aktuellen Krise zehnmal stärker als in den ersten drei Monaten der globalen Finanzkrise von 2008. Vergleichbare Maßnahmen können angesichts der Verschuldung von Entwicklungsländern Menschen nicht helfen.

Das globale Verhältnis überdeckt wichtige Ungleichheiten und wird durch Zahlen der großen Länder wie China und Russland verzerrt. Schätzungen gehen davon aus, dass der Anteil der informell beschäftigten Frauen gerade im Globalen Süden höher ist als der Anteil informell beschäftigter Männer. In den afrikanischen Ländern sind bis zu 90 % der arbeitenden Frauen im informellen Sektor tätig, sei es in der Landwirtschaft, im Handel oder als Kleinunternehmerinnen. In der Region Asien-Pazifik liegt der Anteil bei zwei Drittel, vorwiegend Heimarbeiter:innen für die Bekleidungsindustrie. Neben dem niedrigen Einkommen ist der informelle Sektor davon geprägt, dass Sicherheit am Arbeitsplatz oder Arbeitszeitregelungen meist nicht gewährleistet sind. Sozialstandards wie Absicherungen für den Krankheitsfall, Unfälle, Mutterschaft- und Stillzeit, Arbeitslosigkeit sowie Altersvorsorge fehlen oder werden nicht eingehalten. Es gibt keinen Schutz vor sexualisierter und geschlechtsspezifischer Gewalt.

Die Frauen können sich kaum gewerkschaftlich organisieren und sind häufig der Willkür der Auftraggeber und Abnehmer ausgeliefert. So werden beispielsweise viele Heimarbeitende in der Textilindustrie nach abgelieferten Stücken bezahlt. Es gibt weder einen Anspruch auf Arbeit noch auf Bezahlung, wenn Aufträge ausfallen oder Auftraggeber die Lieferung nicht bezahlen wie in der Covid-19-Krise. Die Mehrheit der Menschen im informellen Sektor – 93 % – lebt in Schwellen- und Entwicklungsländern. Für sie alle gilt: Mangelnder Sozialschutz, geringe Arbeitsrechte und fehlende menschenwürdige Arbeitsbedingungen.

Nach Regionen ergibt sich folgendes Bild: In Afrika arbeiten 85,8 % der Beschäftigten im informellen Sektor, in Asien und im Pazifikraum liegt der Anteil bei 68,2 %, in den arabischen Staaten bei 68,6 %, 40 % auf dem amerikanischen Kontinent und 25,1 % in Europa und Zentralasien. Menschen in ländlichen Gebieten unterliegen einem doppelten Risiko, in der informellen Wirtschaft zu arbeiten als im städtischen Umfeld. Landwirtschaft ist der Sektor mit der höchsten Rate von informeller Beschäftigung. Die Mehrzahl der Menschen arbeitet gezwungener Maße in der informellen Wirtschaft, weil sie keine Chancen in der formellen Wirtschaft haben. Informalität ist eine große Herausforderung für Staaten wie für Gewerkschaften sowohl für die Umsetzung von menschenwürdiger Arbeit für alle als auch für nachhaltige inklusive Entwicklung.

70 % dieser Arbeitsplätze sind Frauenarbeitsplätze. Vergleichbares gilt für die nicht bezahlten oder schlecht bezahlten mithelfenden Familienangehörigen oder die Vielzahl der Frauen, die in fremden Haushalten und in der privaten Kinderbetreuung tätig sind. Mit der Globalisierung migrierten viele Frauen aus Entwicklungsländern in Schwellen- und Industrieländer und werden als Hausmädchen ausgebeutet. Die Zuständigkeit von Frauen in der Gesellschaft im Zeichen von COVID-19 für bezahlte und unbezahlte Sorgearbeit hat zweifach unterstrichen, dass die Gesellschaft Sorgearbeit unterbewertet und damit Frauen diskriminiert: der Lohn für die systemrelevante bezahlte Pflegearbeit ist unzumutbar gering. Die den Frauen zugeschriebene private Sorgearbeit führt nicht nur zu Überbelastung, sondern auch zur Rückbildung von Rollenbildern in der Familie, zur privaten und öffentlichen Diskriminierung der Frau, nicht selten auch zu Gewalt.

■ Diskriminierung bei Führungsfunktionen in der Wirtschaft

Im internationalen Vergleich sind Frauen in den Chefetagen der Europäischen Union unterrepräsentiert. Nur ein Drittel aller Führungspositionen ist mit Frauen besetzt. Besser da stehen US-amerikanische Unternehmen mit 41 % sowie Russland, Brasilien und Mexiko mit vier Frauen von zehn Führungskräften. In der Karibik und in Lateinamerika wird der Frauenanteil an der Spitze von mittelständischen Unternehmen auf rund ein Fünftel geschätzt. In Führungspositionen schaffen es in Indien noch weniger Frauen als in Japan mit 15 %. Deutschland mit einem Frauenanteil in Führungspositionen von 16 % liegt nur knapp darüber. Folgerichtig forderten die Frauen- und die Justizministerin 2020 in Deutschland eine gesetzliche Quote für Unternehmensvorstände.

Auch wenn die Ursachen für die geringe Zahl von Frauen in Spitzenpositionen vielfältig sind, hängen sie mit der männlich geprägten Unternehmenskultur, mit Rollenbildern und Vorurteilen zusammen. Dabei kommen Unternehmen nicht mehr an Frauen vorbei, weil Frauen aufgrund ihrer guten Bildungsabschlüsse das Zukunftspotenzial für die Wirtschaft sind und ihre spezifischen Erfahrungen und Sichtweisen zum Erfolg von Unternehmen beitragen und beitragen können.

Die Europäische Kommission hat 2014 einen Richtlinien-Vorschlag zur Quotierung in den Aufsichtsräten der börsennotierten Unternehmen vorgelegt, das Europäische Parlament unterstützte diesen Vorschlag. Dieser Vorschlag ist von der Europäischen Kommission zurückgezogen worden, da es die erforderliche Mehrheit für diesen Vorschlag im Europäischen Rat nicht gibt.

Der Richtlinienvorschlag sollte die «gläserne Decke» durchbrechen, die qualifizierten Frauen den Weg zu Top-Positionen in den größten börsennotierten Unternehmen in der Europäischen Union noch immer versperrt. Angestrebt war ein Anteil des unterrepräsentierten Geschlechts in den Aufsichtsräten aller börsennotierten Unternehmen – mit Ausnahme der kleinen und mittleren Unternehmen – von 40 %. Der Richtlinienvorschlag enthielt eine Zielvorgabe, wonach das unterrepräsentierte Geschlecht 40 % der Aufsichtsratsmitglieder bzw. der nicht geschäftsführenden Direktoren in börsennotierten Unternehmen stellen soll. Unternehmen, in denen dieser Anteil weniger als 40 % beträgt, müssen die betreffenden Positionen durch Vergleich der Qualifikationen der Kandidaten auf der Grundlage klarer, geschlechtsneutraler und eindeutiger Kriterien besetzen. Bei gleicher Qualifikation erhält das unterrepräsentierte Geschlecht den Vorzug.

In elf Mitgliedstaaten (Belgien, Frankreich, Italien, den Niederlanden, Spanien, Portugal, Dänemark, Finnland, Griechenland, Österreich und Slowenien) gibt es inzwischen eigene gesetzliche Regelungen zur Förderung der Gleichstellung auf der Ebene der Unternehmensleitung. In acht dieser Länder gelten die Vorschriften auch für öffentliche Unternehmen.

In vier EU-Staaten gibt es einen 30prozentigen Frauenanteil in den Aufsichtsräten: Frankreich, Italien, Finnland und Schweden. Das gilt auch für die großen börsennotierten Unternehmen in Deutschland. Um den Anteil von Frauen in Führungspositionen zu erhöhen, trat am 1. Mai 2015 das Gesetz für die gleichberechtigte Teilhabe von Frauen und Männern an Führungspositionen (FüPoG) in Kraft. Zuvor war der Frauenanteil in den Führungsetagen deutscher Unternehmen trotz vieler Apelle und freiwilliger Selbstverpflichtungen jahrelang stagniert. Die Quote wirkt. Alle 100 Unternehmen, die unter die Regelung der festen Quote fallen und neue Aufsichtsratsposten zu besetzen hatten, haben sich an die feste Quote gehalten. Sofern nicht schon ein Frauenanteil von 30 % erreicht war, wurden freiwerdende Aufsichtsratsposten mit einer Frau nachbesetzt. Sollte die Quote bei einer Aufsichtsratswahl nicht beachtet werden, bleiben die für das unterrepräsentierte Geschlecht vorgesehenen Plätze rechtlich unbesetzt («Leerer Stuhl»). Bisher ist noch kein Stuhl leer geblieben.

Auch wenn die Ursachen für die geringe Zahl von Frauen in Spitzenpositionen vielfältig sind, hängen sie mit der männlich geprägten Unternehmenskultur, mit Rollenbildern und Vorurteilen zusammen. Dabei kommen Unternehmen nicht mehr an Frauen vorbei, weil Frauen aufgrund ihrer guten Bildungsabschlüsse das Zukunftspotenzial für die Wirtschaft sind und ihre spezifischen Erfahrungen und Sichtweisen zum Erfolg von Unternehmen beitragen und beitragen können. sanken sie in den ersten drei Monaten der aktuellen Krise zehnmal stärker als in den ersten drei Monaten der globalen Finanzkrise von 2008. Vergleichbare Maßnahmen können angesichts der Verschuldung von Entwicklungsländern Menschen dort nicht helfen.

Auch wenn die Ursachen für die geringe Zahl von Frauen in Spitzenpositionen vielfältig sind, hängen sie mit der männlich geprägten Unternehmenskultur, mit Rollenbildern und Vorurteilen zusammen. Dabei kommen Unternehmen nicht mehr an Frauen vorbei, weil Frauen aufgrund ihrer guten Bildungsabschlüsse das Zukunftspotenzial für die Wirtschaft sind und ihre spezifischen Erfahrungen und Sichtweisen zum Erfolg von Unternehmen beitragen und beitragen können.

Die wirtschaftliche Stärkung der Frauen ist angesagt

Die wirtschaftliche Stärkung der Frauen verfolgt fünf Ziele : Das Selbstwertgefühl von Frauenstärken, die Wahl- und Entscheidungsfreiheit von Frauen stärken, ihren Zugang zu Chancen und Ressourcen stärken, ihr Recht auf Selbstbestimmung und die Kontrolle über ihr Leben zu Hause und in der Gesellschaft stärken sowie ihre Kompetenzen stärken, den sozialen Wandel zu beeinflussen, damit national und international eine gerechtere soziale und wirtschaftliche Weltordnung entsteht.

Es ist zu kurz gedacht, die Rolle der Frau in der Wirtschaft erneut auf die Rolle der Reservearmee zu reduzieren, die sie in den Weltkriegen, anderen Kriegen oder Katastrophen ökonomisch wie selbstverständlich übernehmen. Sie sind nicht die Krücken der Weltwirtschaft auf dem Weg zu mehr Wachstum wie es die G-20-Gipfel immer wieder forderten. Frauen wollen ihre wirtschaftliche Stärkung für die Verbesserung der ökonomischen Lage, sie fordern aber auch ein nachhaltiges Wirtschaften mit Umverteilung und Verminderung von Ungleichheiten und die Überwindung von Armut. In Brasilien wurde deutlich, dass das Überleben von Kindern steigt, wenn Frauen das Haushaltseinkommen kontrollieren. Wenn mehr Frauen über Erwerbseinkommen verfügen, wird mehr in Kindergesundheit und Kinderbildung investiert. In Afrika können die Ernteerträge der Frauen um 20 % steigen, wenn sie den gleichen Zugang zu Ressourcen haben wie Männer. Eine bessere Schulbildung von Mädchen führt nach UNESCO Angaben zu besserer Familienplanung und familiärem Wohlbefinden.

Gender Empowerment meint auch gute Arbeit. Menschenwürdige Arbeit ist ein Menschenrecht. Schon die UN-Charta will «gute und menschenwürdige Arbeit». So heißt es in Artikel 23 und 24: «Jeder hat das Recht auf Arbeit, auf freie Berufswahl, auf gerechte und befriedigende Arbeitsbedingungen sowie auf Schutz vor Arbeitslosigkeit. Jeder, ohne Unterschied, hat das Recht auf gleichen Lohn für gleiche Arbeit. Jeder, der arbeitet, hat das Recht auf gerechte und befriedigende Entlohnung, die ihm und seiner Familie eine der menschlichen Würde entsprechende Existenz sichert, gegebenenfalls ergänzt durch andere soziale Schutzmaßnahmen. Jeder hat das Recht, zum Schutze seiner Interessen Gewerkschaften zu bilden und solchen beizutreten.»

Die vier grundlegenden Ziele von «Decent Work», die sich für die Internationale Arbeitsorganisation aus der Allgemeinen Erklärung der Menschenrechte ergeben, sind mehr und bessere Beschäftigungsmöglichkeiten schaffen, Arbeitnehmerrechte respektieren und gesetzlich absichern, Systeme der sozialen Sicherung auf- und ausbauen, den sozialen Dialog zwischen Arbeitgebern und Gewerkschaften fördern.

Immer noch bestehen nach einem Bericht der ILO 2018 in der Arbeitswelt Genderlücken: es gibt die Erwerbslücke, die Lohnlücke und die Führungslücke. Männer haben eine Erwerbsbeteiligungsquote von 75 %, Frauen nur von 48,5 % – ein Gender Gap von 26,5 %. Am geringsten ist der Gender Gap noch in den Industrieländern, weil die Bildungs- und Ausbildungsförderung von Mädchen erfolgreich war, weil sich die Einstellung zu erwerbstätigen Frauen geändert und die Vereinbarkeit von Beruf und Familie verbessert hat. In Deutschland beträgt die Frauenerwerbsquote inzwischen 76,5 %, die der EU 75,8 %, wobei die Genderlücke in Griechenland, Malta und Italien am höchsten und in den skandinavischen Ländern am geringsten ausfällt.

Zudem ist in einigen Ländern die Beschäftigungsquote besonders bei älteren Frauen auffallend niedrig. Die geschlechtsspezifische Diskrepanz bei der Teilzeitarbeit ist nach wie vor gravierend. Da Frauen den Großteil der Betreuungs- und Pflegeaufgaben übernehmen, verkürzen sie oft ihre Arbeitszeiten. Ein Drittel (31,4 %) der erwerbstätigen Frauen in der EU war 2016 teilzeitbeschäftigt. Gleichzeitig ist der Gender Gap in einigen Schwellenländern auf bis zu 30,5 % gestiegen.

Eine hohe Arbeitsmarktbeteiligung von Frauen ist nicht unbedingt gleichbedeutend mit guter existenzsichernder Arbeit. In Entwicklungsländern ist der Unterschied zwischen Frauen- und Männererwerbsarbeit mit 11,8 % am niedrigsten. Die hohe Arbeitsmarktbeteiligung gilt in Entwicklungsländern als Indikator für Armut, weil Frauen erwerbstätig sein müssen oder werden müssen.

Geschlechtsspezifische Ungleichheit auf den Arbeitsmärkten werden nicht von heute auf morgen überwunden. Vielmehr sind konkrete politische Interventionen nötig, seitens der Regierungen und Sozialpartner. Erfolgreich erweisen sich weltweit Politiken, die die Vereinbarkeit von Betreuungs- und Pflegeaufgaben mit der Erwerbstätigkeit fördern, die zu einer Formalisierung von Arbeitsplätzen und zur Reduzierung informeller prekärer Arbeit führen sowie alle Maßnahmen, die dazu beitragen, dass Frauen auf allen Entscheidungs- und Führungsebenen beteiligt sind. Wichtig ist ebenso die Einführung sozialer Sicherung in den Regionen, die bislang nicht darüber verfügen. Grundvoraussetzung aber ist, dass Menschen von ihrer Arbeit leben können, dass Löhne von Sozialpartnern vereinbart werden, die auskömmlich sind und die tatsächlichen Lebenshaltungskosten berücksichtigen. Ökonomische Analysen zeigen deutlich, dass sich solche Politik auszahlt. Frauen tragen dann zu einem erheblichen Maße zum wirtschaftlichen Wachstum der Länder bei. Obwohl Männer und Frauen weltweit gleichermaßen darunter leiden, dass die Arbeit nicht zum Leben reicht, zeigen sich markante Gender Gaps in Schwellen- und Entwicklungsländern: Frauen sind weitaus häufiger in Branchen mit geringem Einkommen und in der Heimarbeit beschäftigt.

■ Ungleichheit verschärft Frauendiskriminierung

Das globale Einkommen ist ungleich verteilt: Die wohlhabendsten 20 % der Weltbevölkerung verfügten 2019 über mehr als 80 % des Welteinkommens, verglichen mit weniger als 2 % für die ärmsten 20 %. In vielen Entwicklungsländern hält sich die Ungleichheit, obwohl die absolute Zahl der in Armut lebenden Menschen zurückgeht. Covid-19-bedingt werden sich Hunger und Armut verschärfen. Der beeindruckende wirtschaftliche Aufschwung in Afrika wird einbrechen. Dieser Aufschwung ging und geht an vielen Menschen vorbei: Obgleich 70 % der Afrikaner in Ländern leben, in denen das Bruttoinlandsprodukt (BIP) in den letzten zehn Jahren um etwa 4 % gewachsen ist, lebt die Hälfte der afrikanischen Bevölkerung immer noch von weniger als 1,25 US-Dollar/Tag. Das sind vor allem die armen Frauen in ländlichen Gebieten.

Ausgeprägte Ungleichheiten erschweren ein nachhaltiges Wirtschaftswachstum und den dauerhaften Rückgang von Armut. Ungleichheit ist ein gewichtiges Entwicklungshindernis. Wachstum kann – so das UN-Entwicklungsprogramm UNDP – nicht nachhaltig oder inklusiv sein, wenn die Zunahme von Ungleichheit nicht aufgehalten und umgekehrt wird. Daher müssen Maßnahmen zum Abbau von Einkommensdisparitäten Kernelement jeder Entwicklungsstrategie sein. Ungleichheit verlangsamt wirtschaftliches Wachstum und Armutsbekämpfung. Von großer Bedeutung sind daher eine ausgewogene Einkommensverteilung und Steuerbelastung sowie eine funktionsfähige öffentliche Infrastruktur mit erschwinglichen Dienstleistungen für alle wie Bildung, Gesundheit, Kinderbetreuung, öffentlicher Nahverkehr. Eine funktionsfähige bezahlbare öffentliche Infrastruktur ist der Hebel, um Armut wirksam zu bekämpfen. In den Ländern, in denen die Ungleichheit abnahm, konnte ein größerer Rückgang der Armut verzeichnet werden wie z. B. in Brasilien mit der Bolsa familial.

Der Gini-Koeffizient ist eine internationaler Berechnungsmaßstab für Ungleichheit und das Auseinanderklaffen der Einkommen. Gleiche Gesellschaften messen 0, ungleiche Gesellschaften 1. Südafrika (0,70), Mexiko (0,48), China (0,41) und die USA (0,38) zählen zu den ungleichen Staaten der Welt. Die nordischen Staaten, vor allem Island, haben eine positive Gleichheitsbilanz, auch wenn kein Staat der Welt Gleichheit erreicht. Von isländischen Gleichheitszuständen sind 90 % der UN-Mitgliedstaaten noch weit entfernt. Die Globalisierung der Weltwirtschaft hat den Entwicklungsländern wenig genützt, um Ungleichheit zu überwinden. Die Ungleichheit zwischen den Geschlechtern in Entwicklungsländern verschärft die gesellschaftliche Ungleichheit.

Frauen – Ein Motor der Weltwirtschaft

Der G-20-Gipfel von Brisbane 2016 wie alle nachfolgenden Gipfeltreffen sahen in Frauen den Schlüssel zu einem weiteren Wachstum der Weltwirtschaft, weil ihre Erwerbstätigkeit einen Produktivitätsschub versprach. Diese Politik des «Immer höher, immer weiter, immer schneller» war Kern der neoliberalen Wirtschaftsideologie, der die Frauen «dienen» sollten. Wenn mehr Frauen arbeiten, wachsen die Volkswirtschaften. Die wirtschaftliche Stärkung von Frauen steigert die Produktivität, erhöht die wirtschaftliche Diversifizierung und die Einkommensgleichheit sowie andere positive Entwicklungsergebnisse. Beispielsweise könnte eine Erhöhung der Beschäftigungsquoten von Frauen in den OECD-Ländern auf das Niveau Schwedens das BIP steigern. Wachstum führt nicht automatisch zu einer Verringerung der geschlechtsspezifischen Ungleichheit. Der Wohlstand für Volkswirtschaften vermehrt sich aber, wenn sich Frauen an der Erwerbsarbeit beteiligen. Bangladesch verdankt sein wachsendes Bruttosozialprodukt vor allem dem Export von Textilprodukten, die Frauen herstellen. Produktion und Export von Textilien war schon Wachstumsmotor für die USA und Großbritannien im 19. Jahrhundert. Wie in Bangladesch heute stellten Frauen in den USA die Mehrheit der dort Beschäftigten. Sie sorgten für ein steigendes Wirtschaftswachstum. Wie im vorigen Jahrhundert kümmert sich aber niemand um die Ausbeutung der Frauen. In den USA und in Russland streikten damals Frauen gegen diese Arbeitsbedingungen und ihre geringen Löhne. Auch damals brannten Textilfabriken. Im 21. Jahrhundert führten dann die Brände z.B. in Rana Plaza, Bangladesch, mit 1000 Toten, mehrheitlich Frauen, zu Untersuchungen und geringen Verbesserungen der Arbeitsbedingungen, vor allem zu öffentlichen Protesten gegen ausbeuterische Zustände in den Lieferketten deutscher und europäischer Unternehmen und der Forderung nach Unternehmensverantwortung zur Abschaffung dieser Zustände.

Umgekehrt wird geschätzt, dass geschlechtsspezifische Unterschiede die Wirtschaft etwa 15 % des BIP kosten. Die europäische wie die japanische oder U-Wirtschaft haben wie die USA eine relativ hohe Frauenerwerbstätigkeit, die beständig ist. Viele Reformen führten dazu, dass Frauenerwerbstätigkeit Alltag wurde. Heute sind Arbeits- und Lebensbedingungen in Industrieländern des Westens besser als anderswo.

Die Verbesserung des Bildungsniveaus von Frauen und Mädchen trägt zur wirtschaftlichen Stärkung von Frauen und zu einem integrativeren Wirtschaftswachstum bei. Bildung, Weiterbildung und Umschulung, insbesondere um mit den raschen technologischen und digitalen Veränderungen Schritt zu halten, sind für die Gesundheit und das Wohlbefinden von Frauen und Mädchen sowie für ihre Einkommensmöglichkeiten und ihre Teilnahme am formellen Arbeitsmarkt von entscheidender Bedeutung . Das höhere Bildungsniveau – so die OCDE – trug in den letzten 50 Jahren zu etwa 50 % des Wirtschaftswachstums in den OCDE-Ländern bei. Für die Mehrheit der Frauen haben jedoch signifikante Bildungsgewinne nicht zu besseren Arbeitsplätzen geführt. Wirtschaftliche Diskriminierung setzt Frauen herab und verletzt Menschenrechte.

Frauen und globaler Handel

Unternehmen in den Industriestaaten lagerten Arbeitsplätze aus arbeitsintensiven Industrien seit den 1970er-Jahren aus. Immer mehr Entwicklungsländer spezialisierten sich auf niedrige Arbeitslöhne, niedrige Zölle und Steuerbefreiungen als komparative Kostenvorteile im Welthandel. Unternehmen aus den Industrieländern hatten und haben Kostenvorteile, weil Frauen in Entwicklungsländern mit niedrigem Qualifikationsniveau für freie Produktionszonen, Heimarbeit und Beschäftigung im informellen Sektor als billige Arbeitskräfte eingesetzt werden konnten und können. In den meisten Betrieben sind die Arbeitskräfte junge, unverheiratete Frauen.

Die Einhaltung der ILO-Kernarbeitsnormen mussten die Unternehmen nicht beachten, sodass Frauen unzumutbaren Arbeitsbedingungen ausgesetzt waren. Überstunden ohne zusätzlichen Lohnausgleich sind üblich. In der Covid-19-Pandemie erhalten Arbeiterinnen nicht einmal mehr Geld für erledigte Aufträge. Auf Sri Lanka berichteten Frauen verzweifelt von Männerwillkür und Männergewalt. Die Schlangen von Frauen vor den Fabriktoren, die Arbeit suchen, machten es möglich, Frauen von heute auf morgen zu kündigen, wenn sie krank oder schwanger wurden. Historisch gesehen haben viele Frauen von der globalisierten Weltwirtschaft profitiert. Aber nicht in dem Maße wie die Wirtschaft von ihnen. In Krisen, wie z. B. in der Asien-Krise in den 1990er-Jahren, mussten zigtausende von Fabrikarbeiterinnen in Südostasien völlig verarmt in ihre Heimatdörfer zurückkehren, weil sich für die Unternehmen die Produktion nicht mehr lohnte. Vergleichbare Erfahrungen mussten Fabrikarbeiterinnen in Lateinamerika machen.

Frauen sind aus der Exportwirtschaft, dem Welthandel und den globalen Wertschöpfungsketten weltweit nicht mehr wegzudenken. Mit der Globalisierung von Wirtschaft und Handel verbunden mit dem weltweiten Siegeszug einer neoliberalen Wirtschaftspolitik und dem technologischen Wandel in Kommunikation und Transport erhielten Millionen von Frauen in Entwicklungsländern die Chance auf eine bezahlte Erwerbsarbeit. Inzwischen machen Produktions- und Lieferketten 80 % des globalen Welthandels aus Entwicklungsländer versprachen sich von der Exportwirtschaft wirtschaftliche Entwicklung, wirtschaftliches Wachstum und mehr Wohlstand. Bangladesch verdankt sein gestiegenes Bruttosozialprodukt dieser Form von Frauenerwerbsarbeit. Schnell zeigte sich, dass diese Chance ein Danaer-Geschenk war. Die globalisierte Frau erhielt schlecht bezahlte Arbeitsplätze und musste unter gefährlichen und schlechten Arbeitsbedingungen ungeschützt arbeiten – in der Textilindustrie, der Lederverarbeitung, in der Computerindustrie oder in der Blumenindustrie.

Auch wenn die Entwicklungsländer selbst die Verantwortung für die Lebens- und Arbeitsverhältnisse in ihrem Land tragen, sind es die Unternehmen aus den Industrieländern, die davon profitieren und profitieren wollen. Deswegen appelliert der UN Compact für Menschenrechte und Wirtschaft an die Verantwortung von Unternehmen.

Die globale Covid-19-Krise und ihre Auswirkungen verstärken die in der Wirtschaft bestehenden Geschlechterungleichheiten und machen sie sichtbarer. Die Internationale Arbeitsorganisation (ILO) schätzt, dass die Covid-19-Krise mehr als 25 Millionen Arbeitsplätze kosten könnte. Frauen wird dies besonders treffen. So wurden beispielsweise bereits mehr als eine Million Textilarbeiter:innen in Bangladesch aufgrund stornierter Aufträge durch transnationale Unternehmen entlassen. Fehlende soziale Absicherungen bringen diese Frauen an den Rand des Existenzminimums.

Bei Krankheit oder Schwangerschaft verloren sie von heute auf morgen ihren Arbeitsplatz an eine andere Frau, die in der Schlange der Arbeitssuchenden wartete. Bald entstanden effiziente internationale Produktions- und Lieferketten mit Arbeitsplätzen insbesondere für Frauen, die den internationalen Kernarbeitsnormen nicht entsprachen. Solche Arbeitsplätze mit Ausbeutungscharakter und gesundheitsschädlichen Rahmenbedingungen entstanden im Bergbau und bei der Goldsuche, im Blumenanbau wie auf den Kaffee-, Tee- und Kakaoplantagen, im Obstanbau, aber auch in Elektrotechnik-Fabriken oder bei der Schuh-, Textil- und Bekleidungsproduktion.

Frauen sind in Lieferketten besonders verwundbar, weil sie Menschenrechtsverletzungen, insbesondere Gewalt, anders und stärker ausgesetzt sind als Männer. Der im Juni 2019 von der UN-Arbeitsgruppe zu Wirtschafts- und Menschenrechten veröffentlichte Leitfaden zur Genderdimension der UN-Leitprinzipien für Wirtschaft und Menschenrechte fordert deswegen geschlechtergerechte Lieferkettengesetze. Auch für Deutschland und die Europäische Union sind sie dringlich angesagt. Damit sollen Beschäftigte in den Produktions- und Lieferketten vor Menschenrechtsverletzungen geschützt werden.

Mit Blick auf die internationale Verantwortung Deutschlands und die Maßnahmen, die Deutschland im Rahmen der Entwicklungszusammenarbeit treffen will, erwähnt der Nationale Aktionsplan(NAP) das Vorhaben, Partner in Entwicklungsländern dabei zu unterstützen, Diskriminierung und Gewalt gegen Frauen sowie andere kulturelle, gesellschaftliche, wirtschaftliche und rechtliche Hürden für die wirtschaftliche Teilhabe von Frauen zu überwinden. Bis zum Jahr 2030 sollen ein Drittel mehr Frauen und Mädchen beruflich qualifiziert werden.

Die auslandsbezogenen Tätigkeiten der deutschen Wirtschaft haben negative Auswirkungen auf Frauen und Menschenrechte. deutschen Wirtschaftens gerade die Rechte von Mädchen und Frauen verletzen. Die Bundesregierung erklärt im Nachhaltigkeitsaktionsplan (NAP), sie fördere aktiv die Women's Empowerment Principles (WEP) und setze sich für deren Unterzeichnung durch möglichst viele Unternehmen ein. Die Prinzipien wurden 2010 gemeinsam von UN Women und dem Global Compact formuliert und bieten Unternehmen einen Leitfaden dafür, wie sie die Gleichstellung der Geschlechter am Arbeitsplatz und in der Gesellschaft fördern können. Eine Evaluierung 2020 hat allerdings ergeben, dass der Unterzeichnung der Prinzipien wenig Taten gefolgt sind. Wie auch bei anderen Menschenrechtsthemen besteht eine große Kluft zwischen der öffentlich propagierten Selbstverpflichtung der Unternehmen zur Einhaltung der Prinzipien und der tatsächlichen Unternehmenspraxis.

Welthandel feminisieren

Feministische Politik erobert die Wirtschaftspolitik. Schwedens Regierung engagiert sich wie Kanada, Mexiko, Chile, Uruguay und zögernd die Europäische Union mit einer feministischen Außenhandelspolitik. Geschlechtsspezifische Überlegungen spielten im Rahmen von Handelsvereinbarungen bis vor wenigen Jahren keine Rolle. Dabei haben Handelsabkommen Auswirkungen auf die Lage der Frauen als Produzentin und Konsumentin in Export- wie auch in Importländern. Bereits im 19. Jahrhunderts trugen Frauen zum Wohlstand ihrer Länder bei, weil sie für den Export Textilien herstellten.

Handel ist zwar bisher genderblind, aber Handel und Investitionen sind nicht geschlechtsneutral, weil sie aufgrund struktureller Ungleichheiten unterschiedliche Auswirkungen auf Frauen haben. Handelsabkommen müssen politische, soziale und wirtschaftliche Menschenrechte einhalten sowie zu

Geschlechtergerechtigkeit und Inklusion als Grundlage für eine nachhaltige und friedliche Entwicklung beitragen.

Handel kann Motor für Entwicklung und Wohlstand sein. Dabei gibt es keinen Automatismus. Eine auf die Armutsreduzierung und die Überwindung globaler Ungleichheit ausgerichtete Verbesserung der Handelsbeziehungen sind ein wesentliches Element in Handelsabkommen. Schließlich kann Handel den Wohlstand einer Gesellschaft fördern. Dazu bedarf es ordnungspolitischer Rahmenbedingungen für einen fairen Handel. Laut McKinsey könnte die globale Wertschöpfung mit Frauenförderung in der Wirtschaft bis 2025 um 12 Milliarden Dollar erhöht werden. Die UN-Welthandelskonferenz UNCTAD setzt deswegen auf die gleichberechtigte Partizipation vor allem von Frauen in Entwicklungsländern und ihre Berücksichtigung in Handelsabkommen.

Handelspolitik nimmt Einfluss auf nachhaltiges und gerechtes Wirtschaftswachstum. Auch die UN-Agenda 2030 geht davon aus, dass der Handel zur Förderung einer nachhaltigen und gerechteren Entwicklung beitragen kann. Dazu bedarf es in multilateralen und bilateralen Handelsabkommen der Genderperspektive. EU-Handelspolitik verspricht inzwischen Gendersensibilität. Das Handelsabkommen mit Chile soll die Genderperspektive enthalten.

Handelsabkommen haben umfassende Auswirkungen auf Menschenrechte, weil sie sowohl Produktion und Dienstleistung, Landwirtschaft, Textilien und den Schutz des geistigen Eigentums umfassen. Anstatt Menschenrechte durch Handel zu verletzen, muss Handelspolitik Menschenrechte und Frauenrechte schützen und fördern. Die Handelspolitik weltweit muss werteorientiert, fair, inklusiv und kohärent mit anderen Politiken sein, auch mit der Gleichstellung von Frauen und Männern. So kann sie nachhaltige Entwicklung verbessern. Das gilt auch für Investitionen. Privatwirtschaftliche Investitionen können für Partner von Nutzen sein. Dazu müssen sie sich zu Beachtung von Frauen- und Menschenrechten verpflichten. Hermes-Bürgschaften in Deutschland für deutsche Direktinvestitionen z.B. in Afrika müssen an menschen- und frauenrechtlich verpflichtende Standards geknüpft werden. 2017 rügte der CEDAW-Ausschuss der Frauenrechtskonvention deutsche Unternehmensverantwortung in globalen Wertschöpfungsketten, weil Unternehmen Menschenrechte und Genderbelange in ihren internationalen Beziehungen nicht berücksichtigen.

WTO und die Verbindungen zwischen Gender und Handel

Im Dezember 2018 beschloss die Welthandelsorganisation (WTO) in Buenos Aires mit 121 WTO-Staaten erstmalig, die Auswirkungen von Handelspolitiken auf Frauen und Männer zu untersuchen und Diskriminierungen von Frauen im und durch Handel zu beseitigen. Handel und Geschlechtergerechtigkeit sind nach Überzeugung der Welthandelsorganisation zwei wichtige Säulen einer Nachhaltigkeitsentwicklung. Gerade Handelsliberalisierung kann Frauen allerdings schaden, wenn Geschlechterungerechtigkeiten steigen und die wirtschaftliche und soziale Stellung der Frauen diskriminieren bzw. verschlechtern. Handel kann positive Effekte auf Frauenbeschäftigung haben. Dies zeigt sich insbesondere im verarbeitenden Gewerbe. Bei Textilien, Bekleidung, Schuhe, Blumen- und Telekommunikationsprodukten machen Frauen in Entwicklungsländern die Mehrheit der Beschäftigten aus. Insofern war und ist Handel eine treibende Kraft für die wirtschaftliche Stärkung von Frauen in Entwicklungsländern im 20. Jahrhundert und 21. Jahrhundert wie in der Textilproduktion in den USA und in Europa im vorigen Jahrhundert. Allerdings fehlt es nach wie vor an menschenwürdigen Arbeitsverhältnissen. Die Weltbank geht davon aus, dass die Überwindung von wirtschaftlicher Diskriminierung der Frauen die Pro-Kopf-Produktivität um 40 % steigern kann.

Vollmundig heißt es in der WTO-Erklärung: «Wir sind übereingekommen, gemeinsam daran zu arbeiten, unsere Handels- und Entwicklungspolitik geschlechtergerechter zu gestalten.». Die 2006 eingerichtete Task-Force für Handelshilfe, die zu Berücksichtigung der Genderperspektive im Handel beitragen soll, hat sich bisher noch nicht positiv auf die wirtschaftliche Stärkung der Frauen ausgewirkt. Covid-19-bedingt fand die WTO-Konferenz 2020 in der Mongolei nicht statt, sodass weitere Fortschritte nicht sichtbar sind.

Frauen sind stärker als Männer durch die Covid-19-Pandemie verursachten Handelsstörungen betroffen, weil ein größerer Teil der Frauen in Handelssektoren arbeitet, die besonderen Herausforderungen ausgesetzt sind: Mehr Frauen als Männer arbeiten in Dienstleistungen wie Tourismus und Geschäftsreisen, die regionalen und internationalen Reisebeschränkungen unterliegen. Frauen arbeiten in den Exportunternehmen, die in der Pandemie dir größten Rückgänge hatten und haben. In Bangladesch z. B. ging die Konfektionsproduktion allein im April 2020 um 80 % zurück. Frauen machen 80 % der dortigen Belegschaften aus.

Zu den ersten Staaten, die handelspolitische Überprüfungen genutzt haben, um die Diskriminierung von Frauen durch Handel zu unterbinden gehören Island und Gambia. Island hat sich für eine inklusive Handelspolitik entschieden, die gleichzeitig die Geschlechtergleichheit und wirtschaftliche Stärkung der Frauen zum Ziel hat. Damit tragen Frauen zur wirtschaftlichen Stabilisierung des Landes bei. Island fordert die Geschlechtergleichstellung in allen Handelsabkommen, vor allem eine Überwindung der Geschlechterdiskriminierung bei den Verhandlungen über Dienstleistungen (TISA). In einer Regierungserklärung unterstreicht das arme afrikanische Gambia die Bedeutung von Gender Mainstreaming und Gender Empowerment im Handel, weil die gleichberechtigte Partizipation von Frauen die Lebensbedingungen verbessert. In Gambia sind 80 % der im Handelssektor tätigen Frauen. Gambia trägt zu einer verbesserten Lage der Frauen in Wertschöpfungsketten bei, weil die Qualitäts- und Hygienestandards erhöht wurden. Auch die Europäische Union sieht die Chancen einer genderorientierten Handelspolitik. Dies gilt insbesondere für verbesserte Bedingungen für kleinere und mittlere Unternehmen im Welthandel sowie für den digitalen Handel. Die Europäische Union engagiert sich deswegen für Genderkapitel in den Freihandels- und Kooperationsabkommen.

Die internationalen Institutionen wie WTO, Weltbank und Internationaler Währungsfonds sehen wie Kanada im Handel eine große Chance für Unternehmerinnen. Frauen sind im Welthandel bisher keine gleichberechtigten Akteure, da sie in Entwicklungsländern weder im formellen Sektor mit Sozialschutz beschäftigt sind noch nach allen Erfahrungen in ihn wechseln können. Die ausländischen und inländischen Unternehmen in den Produktions- und Lieferketten profitieren von dieser Lage der Frauen und beschäftigen sie zu Ausbeutungsverhältnissen. Frauen sind billige, flexible Arbeitskräfte. Schweden, Mexiko und Kanada wollen durch Informationen und spezifische Regelungen dazu beitragen, dass Frauen den Handel für ihre wirtschaftliche Entwicklung nutzen können. Diese Staaten betrachten wie UN Women und die Weltbank diese Maßnahmen als Chance für die wirtschaftliche Tätigkeit der Frauen.

Frauenmenschenrechte und Lieferketten

Die UN fordern, dass die Wirtschaft Menschenrechte einhalten und schützen muss. Der UN Compact für Wirtschaft und Menschenrechte verpflichtet alle UN-Staaten dafür zu sorgen, dass «ihre» Unternehmen die menschenrechtlichen Sorgfaltspflichten in Bezug auf Menschenrechte, soziale und ökologische Kernnormen respektieren, schützen und bei einer Verletzung auch haften. Freiwillige Unternehmensverpflichtungen haben an Diskriminierungen wenig verändert. Sie sind trotzdem ein wichtiger Hebel für Umdenken. Zielführend sind aus Wettbewerbsgründen klare gesetzliche Vorgaben für Unternehmen, die Tätigkeiten mit Auslandssbezug in ihre Unternehmensstrategie integrieren.

Ein Lieferkettengesetz soll Unternehmen verpflichten und in Haftung nehmen, die im Ausland beschafften Vorleistungsgüter oder Fertigerzeugnisse in allen Phasen ihrer Lieferkette auf etwaige umweltschädigende oder gegen die Arbeitsbedingungen bzw. gegen Menschenrechte verletzende Produktionsverfahren zurückzuverfolgen. Schweden und Frankreich haben für schwedische bzw. französische Unternehmen eine gesetzliche Sorgfalts- und Haftungsverpflichtung eingeführt. Deutschland bereitet ein solches Gesetz vor, andere EU-Staaten auch.

Mit der wirtschaftlichen Globalisierung haben Frauen weltweit neue Arbeitsmarktchancen erhalten. Heute machen im Handel die Lieferketten fast 80 % der Wertschöpfung aus, insbesondere in der Textil- und Lederindustrie. Frauen stellen die meisten Arbeitskräfte. Die Internationale Arbeitsorganisation (ILO) schätzt, dass die Covid-19-Krise mehr als 25 Millionen dieser Arbeitsplätze kosten könnte. Frauen trifft diese Auswirkung der Pandemie besonders stark, da sie überproportional am Anfang vieler globaler Wertschöpfungsketten und damit im informellen und Niedriglohnsektor vertreten sind. Um die Gleichstellung von Frauen und Männern in allen Lebensbereichen global zu erreichen, sollten zukünftige politische Maßnahmen, ob auf internationaler, europäischer oder nationaler Ebene dringend die strukturelle Benachteiligung von Frauen in globalen Wertschöpfungsketten adressieren.

Obwohl Frauen und Mädchen die Hälfte der Weltbevölkerung repräsentieren, sind sie immer noch mit Ungleichheiten konfrontiert, die den sozialen und wirtschaftlichen Fortschritt behindern. Eine gemeinwohlorientierte Wirtschaft kann ihr volles Potenzial entfalten, wenn alle dazu beitragen. Eine Verbesserung der Gleichstellung der Geschlechter wirkt sich positiv auf das Bruttoinlandsprodukt aus, führt zu einem höheren Beschäftigungsniveau und erhöht die Produktivität. Insgesamt hat sich die wirtschaftliche Kluft zwischen den Geschlechtern im Jahr 2018 verringert, aber der Global Gender Gap Report zeigt, dass die Fortschritte auf dem Weg zur Gleichstellung der Geschlechter weiterhin langsam und ungerecht sind, sodass in Wirtschaft und Arbeitswelt die globale Kluft zwischen den Geschlechtern noch lange nicht überwunden werden kann. Handel und Investitionen können starke Triebkräfte für die Verwirklichung der Gleichstellung der Geschlechter und zur Förderung von Wohlstand sein, wenn der Welthandel fair ausgestaltet wird.

Kapitel 6
Neue Gefahren für Frauenrechte
Rückfall in alte Zeiten

Modernisierungs-, Demokratisierungs- und Menschenrechtsentwicklungen haben dabei geholfen, Frauenrechte als Menschenrechte durchzusetzen. Heute stellen viele Gesellschaften und Staaten Gleichstellungsfragen an die Hintertür. Es fehlt an gleichstellungspolitischer Dynamik wie in den 1970er-Jahren. Vielfach geraten gleichstellungspolitische Forderungen in Konkurrenz zu Diversitätsstrategien. Dabei geht es bei der Geschlechtergleichstellung um das international verankerte Gebot der Geschlechtergleichstellung. Wie in Deutschland und anderen Staaten unterstreichen alle Rechtsregelungen und internationalen Konventionen, dass Ziele die Geschlechtergleichheit und Geschlechtergerechtigkeit sind. Inzwischen haben die globalen Medien, die Globalisierung der Märkte, die stärker werdenden autoritären und patriarchalen Herrschaftssysteme weltweit und die Zunahme fundamentalistischer Überzeugungen zu einer Verunsicherung der Bevölkerung geführt, die für sich einen Standort suchten und häufig in der Genderpositionierung einen Sündenbock für ihre Unzufriedenheit finden.

Fundamentalistische Orientierungen in den US-amerikanischen protestantischen Glaubensgemeinschaften, aber auch in lateinamerikanischen Staaten, im Vatikan und in katholisch oder hinduistisch beeinflussten Ländern sowie im Islam gehen unheilige Allianzen ein, um die Frauenrechte zurückzuschrauben und damit weitere Entwicklungen unmöglich zu machen. Die radikalen Proteste in Brasilien durch evangelische Radikale gegen die Abtreibung bei einem 10-jährigen vergewaltigten Mädchen im August 2020 sind ein alarmierendes neues Beispiel für die Tatsache, dass Ideologien für Ungleichheiten und Geschlechterdiskriminierung an Boden gewinnen. Überall macht sich das Konzept der Differenzierung und Ausgrenzung am Genderstatus fest. Ideologien, Religionen und Kulturen schreiben Formen und Verhaltensweisen vor, um Menschen auf den «rechten Pfad» zu führen, die ihnen die jeweilige Gesellschaft oder Gegengesellschaft bestimmt. Selbst im Hinduismus, Buddhismus und Konfuzianismus gewinnt die Ideologie der Ungleichheit an Boden und macht sich an der Geschlechterungleichheit fest. Gewalt gegen Frauen, auch sexuelle Gewalt, wird dadurch legitimiert. Dabei sind Diskriminierung und Gewalt gegen Frauen Menschenrechtsverletzungen.

Der Vatikan unterstützt eine Koalition gegen Frauenrechte und hält die Aktionsplattform von Peking für eine der radikalsten und gefährlichsten Dokumente. Seit 1995 gibt es ein unheiliges Bündnis unter dem Einfluss der Religionen, das die Gegenbewegung stützt, um Erfolge der Weltfrauenkonferenz zurückzudrehen. Immer wieder aber war es auch die US-amerikanische Administration, die mit den Kirchen und selbst mit Staaten wie Sudan, Iran und Syrien eine frauenfeindliche Strategie möglich machte. Selbst Buddha wird von Fundamentalisten zitiert, weil er der Meinung war, dass Frauen niemals unabhängig seien dürfen. Nicht nur in Lateinamerika, sondern auch in Europa wächst der organisierte Fundamentalismus im Christentum. Auf der Weltfrauenkonferenz 1995 kämpften Fundamentalisten im Judentum, im Christentum, im Islam. Damals schienen sie eher isoliert. Heute hat ihre Bedeutung zugenommen.

Menschenrechte haben weder ein Geschlecht noch eine Religion. Menschenrecht und Frauenrechte sind universal und mit jeder Religion vereinbar. Frauenrechte können nicht mit Verweis auf eine Kultur oder eine Religion eingeschränkt werden. Das hat die UN-Menschenrechtserklärung unterstrichen. Allerdings können diese Rechte zurückgedrängt werden, wenn Frauen und Männer nicht genügend für ihre Rechte eintreten. Schließlich sind Werte, Traditionen und Begriffe, mit denen die Unterdrückung von Frauen gerechtfertigt wird, Ausdruck patriarchische Herrschaftsansprüche. Insofern sind es die patriarchischen Gesellschaftsstrukturen, die bekämpft werden müssen. Religionen werden leicht zu Instrumenten der Männer, um ihre Herrschaft über Frauen zu behalten oder wiederherzustellen. Die Frage nach der Selbstbestimmung der

Frau stößt sich immer wieder mit der Frage nach der Macht der Männer. Von daher betonen internationale Frauenrechte zu Recht, dass Religionen und Frauenrechte nicht im Widerspruch zueinanderstehen. Das ist besonders schwierig, weil es in allen Religionen die Verbindung zwischen Religion und Patriarchat gibt. Religionen sind in einer globalisierten Welt attraktiv, weil sie verunsicherten Menschen eine einfache und schlichte Antwort geben. Das dürfen Frauen nicht akzeptieren. Sie müssen aufklären und sich organisieren. Die heutige Frauenbewegung steht vor der schwierigen Aufgabe, eine progressive Rollte zu spielen und fundamentalistische Tendenzen in einer Gesellschaft zu überwinden.

Fundamentalistische Orientierungen in den US-amerikanischen protestantischen Glaubensgemeinschaften, aber auch in lateinamerikanischen Staaten, im Vatikan und in katholisch oder hinduistisch beeinflussten Ländern sowie im Islam gehen unheilige Allianzen ein, um die Frauenrechte zurückzuschrauben und weitere Emanzipationsbestrebungen und Geschlechtergleichheit zu verhindern. Die radikalen Proteste in Brasilien durch evangelische Radikale gegen die Abtreibung bei einem 10-jährigen vergewaltigten Mädchen im August 2020 sind ein neues Beispiel für die Tatsache, dass Religionen und Ideologien für Ungleichheiten und Geschlechterdiskriminierung in derCovid-19-Pandemie an Boden gewinnen. Überall macht sich das Konzept der Differenzierung und Ausgrenzung am Genderstatus fest. Ideologien, Religionen und Kulturen schreiben Formen und Verhaltensweisen vor, um Menschen auf den «rechten Pfad» zu führen, die ihnen die jeweilige Gesellschaft oder Gegengesellschaft bestimmt. Auch im Hinduismus, Buddhismus und Konfuzianismus gewinnt die Ideologie der Ungleichheit an Boden und macht sich an der Geschlechterungleichheit fest. Gewalt gegen Frauen, auch sexuelle Gewalt, wird dadurch legitimiert. Dabei sind Diskriminierung und Gewalt gegen Frauen Menschenrechtsverletzungen.

Der Vatikan hält die Aktionsplattform von Peking für eine der radikalsten und gefährlichsten Dokumente. 1995 hatten sie keinen Erfolg. Aber es gibt weitere Aktionen gegen Fortschritte in der Geschlechtergleichstellung. Immer wieder war es auch die US-amerikanische Administration, die mit den Kirchen und selbst mit Staaten wie Sudan, Iran und Syrien frauenfreundlichere Strategien z.B. in den UN unmöglich machten. Das galt insbesondere für das Recht auf sexuelle Reproduktion und sexuelle reproduktive Dienstleistungen.

Menschenrechte sind universal und unteilbar. Frauenrechte können nicht mit Verweis auf eine Kultur oder eine Religion eingeschränkt werden. Das hat die UN-Menschenrechtserklärung unterstrichen. Allerdings können diese Rechte zurückgedrängt werden, wenn Frauen und Männer nicht für ihre Rechte eintreten. Werte, Traditionen und Begriffe, mit denen die Unterdrückung von Frauen gerechtfertigt werden, sind Ausdruck von patriarchalischen Herrschaftsansprüchen. Deshalb sind es die patriarchalischen Gesellschaftsstrukturen, die bekämpft werden müssen. Religionen werden zu Instrumenten der Männer, um ihre Herrschaft über Frauen zu behalten oder wiederherzustellen. Die Frage nach der Selbstbestimmung der Frau stößt sich immer wieder mit der Frage nach der Macht der Männer. Internationale Frauenrechte betonen zu Recht, dass Religionen und Frauenrechte nicht im Widerspruch zueinanderstehen. Allerdings besteht die Gefahr, dass die Verbindung von Tradition und Moderne damit nicht klarkommt. Das ist für Frauen besonders schwierig, weil es in allen Religionen die Verbindung zwischen Religion und Patriarchat gibt. Religionen sind in einer globalisierten Welt attraktiv, weil sie Menschen Sicherheit geben. Die Frauenbewegung steht vor der doppelten Herausforderung, Emanzipation voranzubringen und Religionen dabei mitzunehmen.

Rechtspopulismus und Frauen

In vielen Staaten weltweit und in den meisten europäischen Staaten gibt es rechtpopulistische Parteien, die Zulauf von Wählerinnen und Wählern haben. Dabei wählen zwar mehr Männer als Frauen rechtspopulistisch, aber zum Beispiel in Deutschland, Frankreich, Ungarn sowie Polen entscheiden sich zunehmend mehr Frauen für diese Parteien. Die rassistische Einstellung zeigt sich vor allem an der Abwertung von Frauen mit Migrationshintergrund, von Feminismus und Gender, von alleinerziehenden Müttern. Dahinter verbergen sich regressive Vorstellungen von einer traditionellen Familien- und Geschlechterordnung. In einigen Ländern werden sie auch mit Forderungen nach Einschnitten für reproduktive Recht von Frauen verknüpft. In den meisten rechtspopulistischen Parteien geht es um die Begrenzung von Zuwanderung, die Betonung des kulturell Eigenen gegen das Fremde und eine völkische Ideologie. Ein kulturell homogenes Staatsvolk soll erhalten bleiben. Die zunehmende soziale Ungleichheit, die Globalisierung, bezahlte Erwerbsarbeit und die Ausblendung unbezahlter Care-Arbeit im Neoliberalismus führen dazu, dass sich viele Menschen als Verlierer:innen der neoliberalen Wirtschaftspolitiken fühlen. Das gemeinsame Band aller Rechtspopulist:innen sind offensichtlich Nationalismus, Rassismus und Antifeminismus sowie das Ziel, die Gesellschaft zu spalten. Damit werden eine patriarchalische Familienpolitik und die Ablehnung reproduktiver Selbstbestimmung für Frauen zu einem zentralen Politikfeld. In den USA, in Großbritannien, Russland, Ungarn, Brasilien und in der Türkei regieren Rechtspopulisten, die der Globalisierung und der internationalen Zusammenarbeit abschwören und auf die Spaltung der Gesellschaft setzen. Dazu nutzen sie die zunehmende Ungleichheit und Ängste der Gesellschaft. Vor allem aber nutzen sie Gender als Ausgrenzung und propagieren das traditionelle Familienbild.

Europäische Gleichstellungspolitik kann Hebel sein. Die Geschlechter- und Gleichstellungspolitik der Europäischen Union galt lange als Erfolgsgeschichte. Inzwischen können nun auch im Europäischen Parlament Parteien und Lobbygruppen gegen Genderpolitik und sexuelle Selbstbestimmung mobilisieren. 14,5 % der Abgeordneten sollen Anti-Gender-Ziele unterstützen, vor allem über soziale Medien wird Meinungsmache gegen Frauenemanzipation betrieben. In vielen neuen EU-Mitgliedsländern regte sich von Beginn an Widerstand gegen die Gleichstellungspolitik der EU. Die antifeministischen Provokationen der Rechtspopulistischen Parteien haben zugenommen. Bewegungen wie «pro-life «European Dignity Watch» oder die «One of Us»-Initiative sogenannter Lebensschützer sind ein Beispiel. Sie wollen EU-Gelder für Projekte zur sexuellen und reproduktiven Gesundheit und Gender streichen. Sie betreiben anti-emanzipatorische und antirassistische Politik. Rechtpopulistische Bewegungen nutzen Genderhass, höhnen Gleichstellung und Feminismus und vermischen ihre Positionierung mit antiislamistischen und antirassistischen Positionen. Eine Untersuchung der Friedrich-Ebert-Stiftung 2018 kommt zu dem Schluss, dass diejenigen, die rechtspopulistischen Einstellungen zustimmen, auch zu traditionell sexistischen, homophoben, rassistischen und klassisch antisemitischen Einstellungen neigen. Im Selbstverständnis populistischer Parteien spielen traditionelle Geschlechterordnungen und die traditionelle Kleinfamilie eine große Rolle. Kontrastierend wird dazu ein anti-islamisches und anti-migrationspolitisches Element gesetzt, das Ausgrenzung, Marginalisierung und Diskriminierung provoziert.

Auffällig an den rechtspopulistischen aktuellen Diskursen ist, wie stark sie über Genderthemen polarisieren und an Zustimmung gewinnen. Der Verlust der heterosexuellen Kleinfamilie wird als durch die Genderideologie verursacht verstanden. «Anti-Gender»-Einstellungen solidarisieren zudem und bestärken Gruppen in ihren antifeministischen und antidemokratischen Weltbildern. Es ist beunruhigend, dass es Marine Le Pen in Frankreich trotz dieser Parolen gelang, schon 2017 mehr junge Frauen als Männer zu mobilisieren. Das Männerbild der identitären Bewegung oder rechtspopulistischer Parteien eint die Grundidee, dass es darum geht, eine verloren geglaubte souveräne

Männlichkeit und Überlegenheit wiederherzustellen. Dazu gehört die intakte Familie mit dem Mann als Familienoberhaupt.

Rechtspopulist:innen betreiben Frauenpolitik auch als rassistische Politik und instrumentalisieren feministische und geschlechterpolitische Errungenschaften. Rechtspopulist:innen müssen als das entlarvt werden was sie sind, rechtsextrem und faschistisch. Identitätsfragen müssen geklärt werden können, ohne unterschiedliche Gruppen gegeneinander auszuspielen. im Selbstverständnis und in der Programmatik populistischer Parteien spielen traditionelle Geschlechterordnungen und die heteronormative Kleinfamilie eine große Rolle. Kontrastierend wird dazu ein anti-islamisches und anti-migrationspolitisches Element gesetzt, das Ausgrenzung, Marginalisierung und Diskriminierung provoziert. Lange Zeit galten Wählerinnen als immun gegenüber den Wahlangeboten rechtspopulistischer und rechtsextremer Parteien. Das hat sich geändert. Wenngleich der absolute Anteil weiblicher Wähler für die meisten dieser Parteien noch immer hinter dem männlichen zurückliegt, lässt sich erkennen, dass sich der Abstand verkürzt. Aus einer progressiven und feministischen Sicht erscheint es unmöglich, als Frau in Deutschland die AfD zu wählen und doch passiertes. Ähnliche Phänomene lassen sich auch in anderen Ländern Europas beobachten wie in Frankreich mit Marine Le Pen. Auffällig an den rechtspopulistischen aktuellen Diskursen ist, wie stark sie über Genderthemen polarisieren und Zustimmung gewinnen

Diese Weltanschauungen vertreten sehr rigide Vorstellungen davon, was eine Frau zu machen und vor allem zu lassen hat. So sehr sich die evangelikal-charismatischen Kirchen Lateinamerikas, die «Hardliner» im Vatikan, die streng-jüdische Orthodoxie, Teile der islamistischen Bewegungen wie auch der Rechtsradikalismus und der politische Fundamentalismus US-amerikanischer Prägung voneinander unterscheiden, sie alle vertreten klare Ansichten über die angeblich natur- und ordnungsgemäßen Rollen der Geschlechter und gefährden Gleichstellungserfolge, sexuelle und reproduktiven Rechte und Menschenrechte. Rechtspopulismus und Fundamentalismus sind auf Diskriminierung der Frauen programmiert.

Covid-19 Pandemie und Diskriminierung

Pandemien verstärken weltweit Ungleichheiten und tragen zu Diskriminierung bei. Nicht nur Reichtum und Armut entscheiden darüber, wie gut Menschen aus der Covid-19-Pandemie herauskommen. Die Belastungen aus der

Covid-19-Pandemie bleiben auch zwischen den Geschlechtern unausgewogen. Die ehemalige Bundestagspräsidentin Rita Süssmuth dazu 2020: «Man fühlt sich wie zurückgeworfen in die Fünfzigerjahre.»

Nur ausreichende angemessene und bezahlbare öffentliche Dienste der Daseinsvorsorge werden in der Lage sein, diese Ungleichheiten zu vermindern. Dies gilt insbesondere für Gesundheit, Bildung, Mobilität und Existenzsicherung. Die historische Krise seit 1945 fordert 75 Jahre nach Gründung der Vereinten Nationen die Solidarität der internationalen Gemeinschaft.

Weltweit werden Spitzenfrauen wie Bundeskanzlerin Angela Merkel oder die neuseeländische Premierministerin Jacinda Ardern, die dänische Ministerpräsidentin Mette Frederiksen und das finnische «Frauenkabinett» mit der weltweit jüngsten Premierministerin Sanna Marin gefeiert, weil sie ihre Länder besser durch die Covid-19 Krise steuern als autoritäre männliche Staats- und Regierungschefs wie Donald Trump, Jair Bolsonaro und Wladimir Putin mit ihrer toxischen Männlichkeit. Die schottische Gesundheitswissenschaftlerin Sridhar meint dazu: «Die weiblichen Regierungschefs verhalten sich vorsichtiger und risikoscheuer als ihre männlichen Kollegen. Es ist nicht der richtige Zeitpunkt für Glücksspiele, denn wir spielen mit dem Leben, der Gesundheit und den Lebensgrundlagen der Menschen. Wenn man sich drei Länder ansieht, in denen es ganz besonders schlecht läuft – die USA, Brasilien und England –, dann erkennt man ein gewisses Muster in den Persönlichkeiten ihrer Regierungschefs. Sie alle haben Hunger auf Risiko.» Solche Männer kann sich die Weltgesellschaft nicht leisten, wenn sie ihr Überleben organisieren will.

■ Covid-19 diskriminiert Frauen mehrfach

Die Covid-19-Pandemie ist ein Schock für alle Menschen und Staaten. Nur weil sie Frauen sind werden Frauen in der Covid-19-Pandemie mehrfach diskriminiert. Sie sind geschlechtsspezifischer Gewalt, vor allem häuslicher Gewalt, zunehmend ausgesetzt. Viele Frauen sind gezwungen, mit ihren Vergewaltigern unter einem Dach zu leben. Frauen werden in ihren Menschenrechten verletzt, weil ihre sexuelle und reproduktive Gesundheit nicht mehr umfassend gewährleistet werden kann. Ihnen fehlt der Zugang zu Geburtshilfe und zu Schwangerschaftsvorsorge. Konservative Regierungen nutzen die Pandemie zu Anti-Gender-Politik. Polen verschärfte das Abtreibungsverbot.

Covid-19 diskriminiert Frauen, weil sie unter den wirtschaftlichen Folgen stärker leiden als Männer. Schließlich verdienen sie weltweit weniger, können weniger sparen, haben prekäre Beschäftigungsverhältnisse oder leben in Armut. Die meisten der 850 Millionen Menschen, die in Armut leben, sind Frauen. Auch Frauen sind während der Covid-19-Pandemie in vielen systemrelevanten Berufen tätig, sodass sie sich häufiger infizieren als Männer. Gleichzeitig haben viele keinen Zugang zu Gesundheitsdiensten und ihre sexuelle und reproduktive Gesundheit wird stark beeinträchtigt. Frauen leisten überwiegend die unbezahlte Sorgearbeit und sind deshalb mehr belastet als Männer. Insbesondere in fragilen Staaten und Konflikt- und Katastrophenregionen steigt das Gesundheits- und Armutsrisiko der Frauen.

Eine Pandemie weitet und vertieft alle bestehenden Ungleichheiten und diskriminiert zusätzlich. Diese Ungleichheiten wiederum beeinflussen die Armutslage und die Chancen auf Erholung. Die Covid-19-Pandemie kann nur dann erfolgreich bekämpft werden, wenn sie die Überwindung aller Ungleichheiten mit in ihre Maßnahmen einbezieht. Niemand darf zurückgelassen werden. Deswegen gehören in alle Covid-19-Aktionspläne und in alle Unterstützungsmaßnahmen Genderprogramme. Frauen müssen gleichberechtigt an den nationalen und internationalen Plänen und Umsetzungsmaßnahmen beteiligt werden. Gebraucht werden auch sozial-ökonomische Programme, die das Leben und die Zukunft von Frauen und Mädchen berücksichtigen. Die Überwindung von Ungleichheiten durch unbezahlte Sorgearbeit und die Neuorientierung auf eine neue inklusive Sorgewirtschaft für alle sind dabei das Ziel. Gebraucht werden auch sozial-ökonomische Programme, die das Leben und die Zukunft von Frauen und Mädchen berücksichtigen.

Covid-19 und die wirtschaftliche Frauendiskriminierung

Nach Schätzungen der ILO trifft der wirtschaftliche Stillstand 2,7 Milliarden Beschäftigte. Das sind 81 % der Welterwerbspersonen, sodass der Internationale Währungsfonds eine starke Rezession für 2020/2021 voraussieht. Aufgrund ihrer ökonomischen und sozialen Situation können Frauen die ökonomischen Schocks viel schlechter als Männer abfedern. Die Schließung von Schulen und Kinderbetreuungseinrichtungen führt zu größeren Anforderungen an die häusliche Pflege- und Sorgearbeit. Dieser Zustand verschlechtert die Lage der Frauen, vor allem der Alleinerziehenden. Außerdem hat die Covid-19-Pandemie dazu geführt, dass viele Frauenarbeitsplätze im Dienstleistungssektor weggefallen sind, vor allem die im Handel, im Tourismus und im Gaststättengewerbe. Atypische und prekäre Beschäftigung ist unter ihnen weit verbreitet, die Mehrheit dieser Beschäftigten wird schlecht bezahlt.

Schwieriger noch ist die Lage der Frauen in Entwicklungsländern, weil 70% der Frauen, geschätzt 740 Millionen, im informellen Sektor arbeiten. Diese Frauen müssen häufig auf Märkten oder auf der Straße arbeiten, wo sie gegen die Pandemie nicht geschützt sind. Die Erfahrungen aus der Ebola-Epidemie haben gezeigt, dass eine Quarantäne die wirtschaftliche Entwicklung und existenzsichernden Tätigkeiten beeinträchtigt und zu wachsender Armut und Ernährungsunsicherheit führen. Weil sie Frauen, sind erleben Frauen in diesen Covid-19-Zeiten als Niedrig- und Geringverdienerinnen, als Erwerbstätige im informellen Sektor und prekär Beschäftigte den Rückfall in die Armut. In der Ebola-Krise standen z.B. die Marktfrauen in Liberia und Guinea vor dem Ruin. 85% der Marktverkäufer Afrikas sind Frauen. Das ist jetzt auch nicht anders. Es gibt für viele keine anderen Arbeitsplätze oder Versorgungsketten. Frauen hatten es auch schwerer, aus den Folgen der Epidemie herauszukommen als Männer. Von daher ist zu befürchten, dass viele Frauen durch Covid-19 wieder in die Armutsfalle geraten. Besonders erschwert wird die Lage der Frauen dadurch, dass sie keinen Sozialschutz besitzen. In Südasien sind es 80%, in Afrika (Sub-Sahara) 84%, in Lateinamerika und der Karibik 54%. Frauen sind in Ländern mit niedrigem und mittelniedrigem Einkommen häufiger als Männer im informellen Sektor tätig. In der Landwirtschaft in diesen Ländern sollen 90% der Frauen informell beschäftigt sein.

Aber nicht nur die Frauen in den systemrelevanten Berufen, sondern auch die Frauen mit Kindern sind verstärkt gefordert. Sie müssen, wenn sie können, Betreuung und Pflege, Homeschooling und Homeoffice gleichzeitig übernehmen. Sehr viele berufliche Tätigkeiten der Frauen können nicht digitalisiert werden. So ist die Lage in den OECD-Ländern, in Entwicklungsländern fällt Bildung vielfach aus. Weder Kinderbetreuungsangebote noch Schulen stehen zur Verfügung, weil keine Finanzmittel zur Verfügung stehen. Die gesellschaftliche Wertschätzung von Care-Arbeit und die Bereitstellung öffentlicher Dienstleistungen für Sorgearbeit wird auch von der UN-Nachhaltigkeitsagenda 2030 gefordert.

Bereits in der Finanzmarkt- und Schuldenkrise 2008 erlebten viele Staaten und Menschen eine systemische Krise mit persönlichen Verlusten. Damals vergaß die konventionelle Wirtschaftspolitik die Auswirkungen der Krise auf die Geschlechterverhältnisse. Typisch waren damals die Konjunktur- und Unterstützungsprogramme für männlich dominierte Industriezweige. Das Kurzarbeitergeld war ein europäisches Männerprogramm, weil z.B. in Deutschland

78 % der Leistungsempfänger Männer und nur 22 % Frauen waren. Männer-Industrie-Arbeitsplätze wurden damals gerettet. Nur Brotkrumen blieben für Frauen übrig, die zwar nicht sofort unter dem Druck des Arbeitsmarkts standen, später aber dann vermehrt in prekäre Beschäftigung gedrückt wurden.

Die Covid-19-Maßnahmen treffen 81 % der globalen Erwerbsbevölkerung von 3,3 Mrd. Erwerbstätigen. Die Feminisierung der Armut nimmt weiterhin zu. Die Sorgearbeiterinnen, die Straßenhändlerinnen und Marktverkäuferinnen, die Müllarbeiterinnen und das Pflegepersonal – ohne sie bricht das gesellschaftliche Leben zusammen. Dennoch sehen nur 10 % aller Maßnahmen in 85 UN-Staaten das Ziel der wirtschaftlichen Stärkung von Frauen vor. Wichtig wären Hilfs- und Steuerpakete, die Frauen ausdrücklich unterstützen und besonders fördern. Wenn das Ziel der UN erreicht werden soll, nach der Covid-19-Pandemie eine bessere Welt zu schaffen, müssen bestehende Wirtschaftsmodelle durch eine Transformation in einen erneuerbaren Vertrag umgewandelt werden, der Nachhaltigkeit, Entwicklung, soziale Gerechtigkeit und Geschlechtergleichstellung in den Vordergrund stellt.

Covid-19 und Sorgearbeit

Die Covid-19-Pandemie hat erneut daran erinnert, dass die formelle Weltvolkswirtschaft und das tägliche Leben auf der unsichtbaren und unbezahlten Arbeit von Frauen und Mädchen aufbaut. Die Covid-19-Pandemie hat die Bedeutung und Last der unbezahlten Sorgearbeit exponentiell ansteigen lassen. UN Women schätzt, dass der Wert von unbezahlter Sorgearbeit vor dem Ausbruch der Pandemie fast 30 % des Weltbruttosozialprodukts ausmacht. Die Anforderungen an die unbezahlte Sorgearbeit werden durch die Covid-19-Pandemie gesteigert. Dieser Zustand verschärft Geschlechterungleichheit und Geschlechterdiskriminierung. Viele Frauen in systemischen Berufen wie im Gesundheitsbereich sind mehrfach belastet, müssen weiterhin Beruf und Familie vereinbaren, ohne auf die erforderlichen Dienste der öffentlichen Daseinsvorsorge zurückgreifen zu können. Schulschließungen belasten Frauen zusätzlich. Nach Schätzungen der UNESCO sind durch die Pandemie 1,52 Milliarden Schülerinnen und 60 Millionen Lehrer:innen zu Hause, sodass die Vereinbarkeit von Beruf und Familie zusätzlich erschwert ist. Gerade die unbezahlte Sorgearbeit ist in den vergangenen Jahren immer wieder als ein Faktor für Ungleichheit und Diskriminierung erkannt worden, weil Frauen weniger Zeit haben, einer bezahlten Arbeit nachzugehen. Die meisten Covid-19-

Maßnahmen kümmern sich weder um die Unterstützung von Betreuung oder Pflege. Dadurch werden Frauen zusätzlich benachteiligt.

Covid-19-Pandemie und Gewalt gegen Frauen

Weltweit führt Covid-19 zur Zunahme von Gewalt gegen Frauen und Kinder. UN Women rechnet mit der Zunahme von Gewalt um 25 %. In ihrer Analyse sind die vielen Frauen nicht berücksichtigt, die wegen der häuslichen Isolation keinen Zugang zu Hilfe hatten. Diese Isolation wird von Männern teilweise gewalttätig genutzt. Frauen ist der Zugang zu Hilfe versperrt, weil auch viele Hilfseinrichtungen entweder selbst geschlossen sind oder von den Frauen nicht erreicht werden können. So wird geschätzt, dass weltweit 243 Millionen Frauen betroffen sind. In Frankreich zum Beispiel stiegen die Fälle häuslicher Gewalt im ersten Halbjahr 2020 um 30 %, in Argentinien um 25 %, in Singapur um 33 %. Besonders kritisch ist die Zunahme von Gewalt, bei der Frauen ums Leben kommen. 2017 starben durch ihren Partner 87.000 Frauen weltweit, weil sie Frauen sind. Dabei sind die Dunkelziffern dramatisch hoch. Weltweit haben – so UN Women 2020 – 243 Millionen Frauen und Mädchen häusliche Gewalt, häufig auch in Form sexualisierter Gewalt, erlebt.

Die Befürchtungen sind groß, dass die Zahlen mit Covid-19 steigen, weil Sicherheits-, Gesundheits- und Geldsorgen und beengte Wohnsituationen die Spannungen in Familien steigern. Schließlich lebte Anfang April 2020 mehr als die Hälfte der Menschheit unter den Lockdown-Bedingungen. Erste Berichte belegen, dass Notrufe z. B. in Frankreich, Singapur und Argentinien um 25 bis 30 % zugenommen haben. Die Plätze in Frauenhäusern reichen nicht. Die Dunkelziffer ist hoch. Außerdem erhalten Frauen wenig ärztliche Hilfe, die Covid-19-bedingt für die Bekämpfung der Pandemie reserviert ist. Zudem haben viele Frauen bei Gewalt keine Möglichkeit der Kontaktaufnahme, da sie keinen Zugang zu Netzwerken und den üblichen Kontaktpersonen haben. Erfahrungen aus der Ebola-Epidemie legen diese Schlussfolgerung nahe. Sie unterstreichen auch, dass die Epidemien und Pandemien zur Vergrößerung von Ungleichheiten führen. Frauen sind verwundbar und werden verwundbarer. Immer noch hat jeder 4. UN-Mitgliedstaat keine Gesetze, die Frauen vor häuslicher Gewalt schützen.

Covid-19 erschwert den Zugang von Frauen und Mädchen zu Gesundheitsvor- und -fürsorge. Weder sind sie mehrheitlich krankenversichert noch haben sie, insbesondere in ländlichen Gebieten und Elendsvierteln der Städte, geeigneten Zugang zu Gesundheitsdiensten. Frauen sind außerdem aufgrund der beruflichen Segregation gesundheitlichen Risiken stärker ausgesetzt als Männer. Sie machen 70% der Gesundheitsarbeiterinnen aus. Insbesondere als Krankenschwestern, Hebammen und Gesundheitspersonal. Das gilt auch für Reinigungskräfte, Wäschereiangestellte oder Essensversorgungspersonal. Risiken drohen allen Frauen in Bezug auf ihre sexuelle und reproduktive Gesundheit. Diese Erfahrungen konnten mit HIV/AIDS und Ebola bereits gemacht werden. Für Lateinamerika und die Karibik wird geschätzt, dass 2020 zusätzliche 80 Millionen Frauen ohne Zugang zu modernen Verhütungsmitteln sind. Frauen werden sexuelle und reproduktive Rechte mit der falschen Begründung vorenthalten, dass diese Gesundheitsdienstleistungen keine Priorität haben. Dabei sind sexuelle und reproduktive Rechte Menschenrechtsqualität und sind untrennbar mit der Frage persönlicher Freiheit und Demokratie verbunden. Der Zugang zu Verhütung ist Teil des Grundrechts auf Gesundheit.

Die durch Gewalt gegen Frauen verursachten Schäden in den Volkswirtschaften weltweit werden auf jährlich 1,7 Billionen Euro (UN Women 2020) geschätzt. Sie werden weiter steigen. Gewalt gegen Frauen ist nicht nur eine menschliche Tragödie, sondern hat auch eine ökonomische Dimension. Gewalt gegen Frauen wird als Schattenepidemie bezeichnet. Gewalt gegen Frauen ist und bleibt eine Menschenrechtsverletzung, die auch in der Pandemie nach Bestrafung verlangt. Besorgniserregend ist die Wiederbelebung von Geschlechterstereotypen durch die Bedingungen der Epidemie. Home-Office ist für Frauen nur dann eine Chance für Berufskontinuität, wenn sie nicht die volle Bürde des Homeschooling tragen. Bisherige Untersuchungen unterstreichen die zusätzliche Belastung der Frauen, sodass die Vereinbarkeit von Beruf und Familie wieder zur «Frauensache» wird.

Covid-19 kann alte Rollenverteilungen neu beleben wie auch Geschlechterstereotype. Die Aufgabenverteilung zwischen Männern und Frau ist immer noch verbesserungsbedürftig. Frauen haben die Covid-19-bedingte Verantwortung angenommen. Es fehlt an Kompensation. Es geht bei der neuen alten Arbeitsteilung im Zeichen der Covid-19-Krise um den Verlust der Würde von Frauen, von Respekt, von Rechten und eine Wende bei der Vereinbarkeit von Beruf und Familie.

■ Genderrollen und Covid-19

Weltweit ist laut UNESCO-Analysen die Covid-19-Pandemie eine Herausforderung für Eltern, vor allem für Frauen. Covid-19 ist anders als andere Krisen, weil viele der bedrohten Arbeitsplätze Frauenarbeitsplätze sind. Covid-19-bedingt gehen 1,5 Mrd. Kinder nicht in die Schule. Frauen übernehmen die Covid-19-Last für Betreuung und Pflege. Diese Arbeitsteilung zwischen Frauen und Männern muss nicht sein. Deswegen kann die Covid-19-Zeit einen Kulturwandel bewirken, wenn Vereinbarkeit von Beruf und Familie neu erlebt wird, von Männern wie Frauen. Viele Frauen haben sich Homeoffice gewünscht. Da dieses Angebot auch an Männer gemacht wird, kann durch kluge unternehmerische Anreize der Gefahr der neuen «Heimchen-am-Herd»-Ideologie gegengesteuert werden. Dies ist eine wichtige Aufgabe für die Gewerkschaften, um neue Flexibilität am Arbeitsplatz geschlechtergerecht zu gestalten. Die Arbeitsplatzplanungen der Wall-Street planen Männer für Homeoffice ein.

Die Pandemie kann auch den Rückfall zum Patriarchat bewirken. Nach einer Untersuchung der Hans-Böckler-Stiftung halten nur 62 % der Paare, die vor der Pandemie eine gleiche Aufteilung der unbezahlten Arbeit praktizierten, diese aufrecht. Alte Rollenmuster werden verfestigt. Schließlich ist es mit der institutionellen Betreuungsarbeit für Kinder, Pflegebedürftige und Kranke nicht getan. Weltweit leisten Frauen mehr Sorge- und Pflegearbeit als Männer. Ihr Wert wird auf 100 Milliarden Euro geschätzt, in Österreich auf 30 % des Bruttoinlandprodukts. Die Dienste der Daseinsvorsorge sind es, die einen gesellschaftlichen Wandel zu mehr Gleichberechtigung fördern können wie das die skandinavischen Staaten seit Jahrzehnten unter Beweis stellen. Sie müssen flächendeckend überall durch öffentliche Dienste der Daseinsvorsorge übernommen werden. Zusätzlich wird partnerschaftliche Arbeitsteilung gebraucht.

Die Krise kann sich positiv auf die Geschlechtergleichstellung auswirken, wenn Männer und Frauen ihre Erfahrungen und Arbeitsmarktlage teilen und gleichzeitig aus den Herausforderungen lernen, denen alle Familienangehörige ausgesetzt sind. Dann könnte es eine Sorgearbeitsteilung geben, die zu einer zukunftsfesten Vereinbarkeit von Familie und Beruf entscheidend beiträgt.

Kapitel 7
Frauen und Nachhaltigkeit als Solidaritätsprinzip

Der UN-Generalsekretär geißelte im Juli 2020 die Diskrepanz zwischen dem Ausmaß der globalen Krisen und den unzulänglichen Entscheidungen der Regierungen, die sich in der halbherzigen Umsetzung der UN-Agenda 2030 widerspiegeln. Er verglich COVID-19 mit einem Röntgenbild, das Brüche in der Gesellschaft sichtbar macht. Damit wird mit der Illusion aufgeräumt, dass die Welt in einer post-rassistischen Welt lebt, dass der Mythos, dass wir alle im selben Boot sitzen, ein Trugschluss ist, weil Ungleichheit alle Gesellschaften prägt. Schließlich verdecken überall Trugschlüsse und Unwahrheiten soziale Wirklichkeiten wie die Lüge, dass freie Märkte Gesundheitsversorgung für alle bieten können oder die Fiktion, dass unbezahlte Pflegearbeit keine Arbeit ist. Die Welt steht an einem Wendepunkt, wenn sie die Zukunftsfähigkeit des Planeten Erde und die Überlebenschancen für die Menschheit retten will. Die UN-Nachhaltigkeitsagenda 2030 verlangt Engagement. Im Mittelpunkt der UN-Agenda 2030 stehen die Ziele einer nachhaltigen Entwicklung. Es geht um die ökologische, soziale, wirtschaftliche und kulturelle Nachhaltigkeit für das Leben auf dem Planeten Erde.

Die 17 UN-Nachhaltigkeitsziele

Die heutige Generation ist die erste Generation, die den Hunger und die absolute Armut überwinden kann. Die heutige Generation ist die letzte Generation, die den Planeten Erde retten kann. Eine nachhaltige ökonomische, soziale und ökologische Entwicklung ist nötig und möglich. Eine dauerhaft nachhaltige Entwicklung muss die Bedürfnisse und Rechte der heutigen Generation befriedigen, ohne zu riskieren, dass künftige Generationen dazu nicht mehr in der Lage sind. Bereits 1987 plädierte die UN-Weltkommission für Umwelt und Entwicklung für ein neues Wohlstandsmodell und Entwicklungsverständnis. Die Menschheit ist zu einer nachhaltigen Entwicklung fähig – sie kann gewährleisten, dass die Bedürfnisse der Gegenwart befriedigt werden, ohne die Möglichkeiten künftiger Generationen zur Befriedigung ihrer eigenen Bedürfnisse zu beeinträchtigen. Es geht um Bedürfnisse, insbesondere um die Grundbedürfnisse der Ärmsten der Welt und Überlegungen über Beschränkungen, die der Stand der Technologie und der sozialen Organisation Menschen Grenzen setzen. Dementsprechend müssen die Ziele wirtschaftlicher und sozialer Entwicklung im Hinblick auf die Dauerhaftigkeit definiert werden, in allen Ländern. Die am 25. September 2015 beschlossene UN-Agenda 2030 ist universell, gilt also für alle Staaten, alle Gesellschaften, für alle Menschen. Sie geht von der gemeinsamen Verantwortung aller aus. Ihre Vision von nachhaltiger Entwicklung umfasst alle Menschen und den Planeten als Ganzes. Sie unterstreicht die Unteilbarkeit der Menschenrechte. Sie will daher zu Recht menschenwürdige Lebensbedingungen für alle, Menschenrechte, Geschlechter- und Generationengerechtigkeit, Verteilungsgerechtigkeit und die Wahrung der planetarischen Grenzen als Leitbild und Handlungsauftrag. Auf der Grundlage der Menschenrechte muss alles getan werden, um ein neues Wohlstands- und Entwicklungsmodell festzulegen, das gemeinwohlorientiert zu Wohlstand, Armutsüberwindung und der Nachhaltigkeit aller Prozesse führen kann. Die UN-Agenda richtet sich an alle UN-Staaten.

Die am 25. September 2015 beschlossene UN-Agenda 2030 ist universell, gilt also für alle Staaten, alle Gesellschaften, für alle Menschen. Sie geht von der gemeinsamen Verantwortung aller aus. Ihre Vision von nachhaltiger Entwicklung umfasst alle Menschen und den Planeten. als Ganzes. Sie unterstreicht die Unteilbarkeit der Menschenrechte. Sie will daher zu Recht menschenwürdige Lebensbedingungen für alle, Menschenrechte, Geschlechter- und Generationengerechtigkeit, Verteilungsgerechtigkeit und die Wahrung der planetarischen Grenzen als Leitbild und Handlungsauftrag. Auf der Grundlage der Menschenrechte muss alles getan werden, um ein neues Wohlstands- und Entwicklungsmodell festzulegen, das gemeinwohlorientiert zu Wohlstand, Armutsüberwindung und der Nachhaltigkeit aller Prozesse führen kann. Die UN-Agenda richtet sich an alle UN-Staaten. Diese haben bereits die UN-Menschenrechtsabkommen ratifiziert und sind auf Menschenrechte verpflichtet. Diese Menschenrechte werden verletzt, wenn beispielsweise das Recht auf Bildung, Wasser, Nahrung und Nichtdiskriminierung weder geschützt noch garantiert werden.

Die Leitprinzipien der Agenda 2030 sind fünf Kernbotschaften, die den 17 Nachhaltigkeitszielen (Sustainable Development Goals. SDG) als handlungsleitende Prinzipien vorangestellt sind: Mensch, Planet, Wohlstand, Frieden und Partnerschaft (englisch: People, Planet, Prosperity, Peace, Partnership – «5 Ps») und verdeutlichen die Zusammenhänge zwischen den Zielen.

Die Würde des Menschen steht im Mittelpunkt: Eine Welt ohne Armut und Hunger ist möglich. Rund zwei Milliarden Menschen können kein würdevolles Leben führen, weil sie nicht genug zu essen haben oder weil ihre Ernährung zu einseitig ist. Alle Menschen sollen sich nach ihren Fähigkeiten und Neigungen entwickeln und so ihr volles Potenzial ausschöpfen können.

Den Planeten schützen heißt Klimawandel begrenzen, natürliche Lebensgrundlagen bewahren. Der Klimawandel bedroht bisherige Entwicklungserfolge und gefährdet die Zukunftsaussichten aller Länder. Die Agenda 2030 verpflichtet uns, den Planeten zu schützen, damit auch künftige Generationen ein gutes Leben in einer intakten Umwelt führen können. Dazu zählen die nachhaltige Nutzung von Meeren und Ozeanen, der Erhalt von Ökosystemen und Biodiversität, die Bekämpfung des Klimawandels sowie ein nachhaltiger Umgang mit natürlichen Ressourcen.

Wohlstand für alle fördern heißt Globalisierung gerecht gestalten. Die Wirtschaft ist Wohlstandstreiber und Entwicklungsmotor. Sie muss aber gemeinwohlorientiert sein und den Ressourcenverbrauch vermeiden. Nachhaltiges Wirtschaftswachstum muss alle Menschen erreichen und ihnen eine menschenwürdige Arbeit und Beschäftigung bieten. Die Schere zwischen Arm und Reich darf dabei nicht noch weiter auseinandergehen. Grundlegende Zielkonflikte wie der zwischen weiterem Wirtschaftswachstum und der Endlichkeit der natürlichen Ressourcen bleiben allerdings bestehen. Insbesondere die strukturellen Ursachen von Armut und sozialer Ungleichheit, die durch das globale Wirtschafts-, Finanz- und Handelssystem begünstigt werden, werden nicht ausreichend benannt. Frieden fördern bedeutet Menschenrechte und gute Regierungsführung. Alle Menschen sehnen sich nach einem Leben in Frieden, ohne Angst und Gewalt. Dazu braucht es friedliche, sichere und inklusive Gesellschaften. Die Menschenrechte aller Mädchen, Frauen, Jungen und Männer sollen geachtet und geschützt werden. Globale Partnerschaften aufbauen muss dazu führen, global gemeinsam voranschreiten. Der Erfolg der Agenda 2030 hängt in großem Maße davon ab, dass alle mitmachen – nicht nur Staaten und Organisationen, sondern jede und jeder Einzelne. Um die ehrgeizige Vision der Agenda 2030 zu verwirklichen, braucht es einen neuen Geist internationaler Zusammenarbeit. Eine neue globale Partnerschaft soll die für die Umsetzung der Agenda benötigten Mittel mobilisieren.

Universalität begreifen heißt gemeinsame Verantwortung annehmen. Während sich die UN-Millenniumsziele allein an die Entwicklungsländer richteten, sind die SDG ein Rahmen für die nachhaltige Entwicklung aller Staaten und eine geteilte Verantwortung. Transformation ermöglichen heißt, dass die Agenda 2030 über das herkömmliche Entwicklungsparadigma hinaus geht. Sie hat die Vision einer nachhaltigen Entwicklung, die alle Menschen und den Planeten in seiner Gesamtheit umfasst. Gendergleichheit erhält als Querschnittsthema wie als Einzelziel (Ziel 5) eine zentrale Bedeutung.

Unteilbarkeit der Menschenrechte ist Grundlage: Neben den sozialen, wirtschaftlichen und ökologischen Zielen strebt die Agenda 2030 friedlichere, gerechtere und inklusivere Gesellschaften an. Von zentraler Bedeutung sind demokratische Teilhabe, Rechtsstaatlichkeit, gute und transparente Regierungsführung, Zugang zur Justiz, zu Information sowie persönliche Sicherheit. Sowohl die wirtschaftlichen, sozialen und kulturellen als auch die bürgerlichen und politischen Menschenrechte sowie das Recht auf Entwicklung sind somit konkret im Einzelnen wie auch in ihrer Gesamtheit angesprochen.

Inklusion: Die Agenda 2030 ist Weg und Ziel zugleich. Sie will «niemanden zurücklassen» und «diejenigen zuerst erreichen, die am weitesten zurückliegen». Sie betont den universalen Respekt für Gleichheit und Nicht-Diskriminierung. Das Ziel 10 zur Verringerung von Ungleichheit ist bahnbrechend, auch wenn strukturelle Fragen der Makroökonomie, insbesondere im Finanzsektor oder bei der Steuergerechtigkeit ausgeklammert bleiben und insofern die menschenrechtlich gebotene Umverteilung erschweren.

Die Bekämpfung der Ungleichheit ist ein wegweisendes Ziel (Ziel 10). Die Geschlechtergerechtigkeit und das Gender Empowerment sind ein eigenes Ziel (Ziel 5) und gleichzeitig querschnittsorientierte Maßstäbe für alle 17 Ziele. Die UN-Agenda 2030 für nachhaltige Entwicklung will eine Transformation der Welt und verbindet soziale und ökologische, wirtschaftliche und kulturelle Nachhaltigkeit. Globale Herausforderungen lassen sich schließlich nur gemeinsam bewältigen, damit sich die Lebensbedingungen weltweit verbessern, Armut bekämpft und der Schutz des Planeten Erde erreicht werden kann.

Die Vision der Agenda 2030 kann das Leben von Frauen und Mädchen weltweit grundlegend verbessern. Die Ausbeutung und Vernichtung von natürlichen Ressourcen in großem Maßstab, der Klimawandel und die Umweltzerstörung schreiten mit beispielloser Geschwindigkeit voran und beeinträchtigen die Lebensgrundlagen von Millionen Frauen und Männern, insbesondere in Entwicklungsländern. Nach mehr als zehn Jahren, die durch Krisen, Rezessionen und darauffolgende Sparmaßnahmen gekennzeichnet waren, bleibt die Weltwirtschaft instabil. Konventionelle wirtschaftspolitische Maßnahmen vertiefen die Ungleichheit immer mehr und drängen viele Menschen weiter zurück. Dramatisch negativ wirkt sich die Covid-19-Pandemie auf alle Staaten und Menschen aus. Der Weltungleichheitsbericht wie auch die Oxfam-Studie 2019 weisen nach, dass die Vermögen der Milliardäre 2018 um 12 % durchschnittlich 2,5 Mrd. US-Dollar pro Tag gestiegen sind, während die ärmere Hälfte der Bevölkerung Einbußen von 11 % (durchschnittlich 500 Mio. US-Dollar pro Tag) erlitten hat. Armut und Ungleichheit kann durch öffentliche Dienste der Daseinsvorsorge und Investitionen in Infrastruktur in Bildung, Gesundheit, Mobilität und soziale Sicherheit verringert werde. Diese sind weltweit dramatisch unterfinanziert.

Keine Diskriminierung zulassen

Ziel 5 ist von zentraler Bedeutung für die erfolgreiche Transformation der Weltgesellschaft. Es geht darum, die Gleichstellung der Geschlechter erreichen und alle Frauen und Mädchen zur Selbstbestimmung zu befähigen. Folgende Unterziele will die Weltgemeinschaft erfüllen:

Alle Formen der Diskriminierung von Frauen und Mädchen sollen überall auf der Welt beenden werden, auch alle Formen von Gewalt gegen Frauen und Mädchen im öffentlichen und privaten Bereich, einschließlich Menschenhandel sowie sexuelle und andere Formen der Ausbeutung. Alle schädlichen Praktiken wie Kinderheirat, frühe Heirat und Zwangsheirat sowie Genitalverstümmelung bei Frauen und Mädchen sollen beseitigt werden. Unbezahlte Pflege- und Hausarbeit sollen durch die Bereitstellung öffentlicher Dienste und Infrastrukturen, Sozialschutzmaßnahmen und Förderung der gemeinsamen Verantwortung innerhalb des Haushalts und in der Familie nach Maßgabe der nationalen Gegebenheiten anerkannt werden. Es geht auch um umfassende und wirksame Beteiligung und Chancengleichheit von Frauen auf allen Entscheidungsebenen des politischen, wirtschaftlichen und öffentlichen Leben, den universellen Zugang zu sexueller und reproduktiver Gesundheit und Rechten gewährleisten wie im Aktionsprogramm der Internationalen Konferenz über Bevölkerung und Entwicklung, der Pekinger Aktionsplattform und den Ergebnisdokumenten ihrer Überprüfungskonferenz vereinbart. Durchgeführt werden sollen Reformen, die Frauen gleiche Rechte auf wirtschaftliche Ressourcen und Zugang zu Land und zu anderen Formen von Eigentum, Finanzdienstleistungen, Erbschaften und natürlichen Ressourcen im Einklang mit den nationalen Rechtsvorschriften gewähren. Gefördert werden sollen Maßnahmen zur Förderung der Selbstbestimmung der Frauen, den Zugang zu Basistechnologien und Informations- und Kommunikationstechnologien, um die Selbstbestimmung der Frauen zu fördern.

Die jährliche Überprüfung von Fortschritten der Staaten bei der Umsetzung der UN-Agenda 2030 zeigt ein gemischtes Bild. Viele UN-Staaten berichten freiwillig über Umsetzungsfortschritte. Deutschland zählte zu den ersten Staaten, die nach der Verabschiedung der UN-Agenda 2030 bereits 2016 einen ersten Bericht vorlegten. 2021 legt Deutschland den zweiten Umsetzungsbericht vor. Die bisherigen vier Überprüfungen durch das UN-HLPLF-Gremium (UN-Hochrangiges Politisches Forum) zeigen, dass in allen UN-Staaten die Fortschritte zu gering und zu langsam sind.

Die Umsetzung von Geschlechtergerechtigkeit und Gender Empowerment stößt auf Schwierigkeiten. Nach Untersuchungen von UN Women ergibt sich folgendes Bild: immer noch leben mehr Frauen als Männer in absoluter Armut (weniger als 1,90 US$ pro Tag). Besonders hoch ist die Armutsquote von Frauen zwischen 25 und 34 Jahren. Selbst Ernährungssicherheit ist für Frauen, die vor allem in Afrika südlich der Sahara und Südasien Hauptproduzentinnen von Nahrungsmitteln sind, weniger gewährleistet als für Männer. Gute Gesundheit und Wohlergehen (Ziel 3 der UN-Agenda) sind beeinträchtigt, weil Frauen häufig der Zugang zu Gesundheitsfürsorge und -vorsorge bei Schwangerschaft und Geburt fehlt. 2017 starben fast 300 000 Frauen an den Folgen von Schwangerschaft und Geburt. In den ärmsten Entwicklungsländern hatten nur 61% der Frauen Zugang zu Geburtshilfe. Insgesamt sank aber die Mütter- und Säuglingssterblichkeit. Nur 57% der in Ehe und Familie lebenden Frauen in Afrika südlichen der Sahara haben eigene Entscheidungsmacht über sexuelle Beziehungen und Schwangerschaftsverhütung.

Gute Bildung für alle (Ziel 4) weltweit zeigt, dass noch nie so viele Mädchen zur Schule gegangen sind. Aber immer noch haben 15 Millionen Mädchen keinerlei Chance, eine Grundschule zu besuchen (Jungen: 10 Millionen). Es bleibt immer dabei, dass 2/3 aller Analphabeten Frauen sind. Zugang zu Trinkwasser, Abwasser (Ziel 6) und Energie (Ziel 8) bleiben Frauensache bei den Haushalten, die keinen direkten Wasser- und Energiezugang haben. Drei Milliarden Menschen fehlt der Zugang zu sauberen Technologien. Deswegen sind Frauen und Mädchen in Afrika südlich der Sahara immer noch 18 Stunden wöchentlich unterwegs, um Feuerholz zu sammeln oder Wasser zu holen. In Wirtschaft und Arbeitswelt (Ziele 8, 12) bleiben Frauen diskriminiert. Während 94% der Männer im Alter zwischen 25 bis 54 erwerbstätig sind, sind es nur 55% der Frauen. Nur 13,8% der Landtitel sind in Frauenhand, obwohl Frauen überwiegend in der Landwirtschaft tätig sind. Auch Frauen in den Städten (Ziel 12) sind unterprivilegiert, weil 70% der Slumbewohner Frauen sind.

Diese Blitzaufnahmen zu Genderfortschritten sind nicht ermutigend. Sie belegen für alle Staaten der Welt, dass viel getan werden muss, um Geschlechter- und Frauendiskriminierung zu unterbinden. Das gilt selbst für die Mitgliedstaaten der Europäischen Union. Die Europäische Kommission bekennt in ihrem Agenda-2030-Bericht, dass sie bei der Umsetzung von Ziel 5 am wenigsten umgesetzt hat. Ein Kritikpunkt war und bleibt die fehlende geschlechtergerechte Datenlage. Alle Weltfrauenkonferenzen seit 1975 mahnen differenzierte Gender-Datenerhebungen und -Evaluierungen an.

Bis 2020 haben die meisten UN-Staaten die Ziele noch nicht einmal zur Hälfte erfüllt. Auch die Bilanz der OECD-Staaten – noch vor dem Ausbruch der Covid-19-Pandemie – fällt wenig zufriedenstellend aus. Bei der Umsetzung der UN-Nachhaltigkeitsziele im Rahmen der UN-Evaluierungsprozesse und der Beschlussfassung der Ministerkonferenz 2020 ist die Völkergemeinschaft nicht auf Kurs. Die kritische Debatte führte dazu, dass Regierungen und NROs mehr als 100 beschleunigte Aktionen zu den 17 Nachhaltigkeitszielen versprochen haben.

Auch Deutschland liegt weit zurück. Bisher werden nur 24 der 67 Zielsetzungen der deutschen Nachhaltigkeitsstrategie erreicht. Rückschritte gibt es vor allem in den Bereichen Klimaschutz, nachhaltige Konsum- und Produktionsmuster und Energieverbrauch. Die Gender-Perspektive kommt in allen Bilanzen zu kurz. Auch wenn die Staats- und Regierungschefs selbst klagen, dass die Machtstrukturen weltweit von der Geschlechtergerechtigkeit weit entfernt sind. Regierungen sind genderblind, auch wenn sie über Fortschritte berichten.

Besorgniserregend sind die Gefahren einer weltweiten Ernährungskrise, vor der die Welternährungsorganisation (FAO) warnt. Besonders betroffen sind auch die Bildungs- und Einkommenschancen, vor allem in Ländern des globalen Südens. Auf dem UN-Gipfel im September 2020 urteilten die UN-Staats- und Regierungschef, dass trotz der UN-Agenda 2030 und der 17 Nachhaltigkeitsziele Fortschritte in Richtung Geschlechtergleichstellung und Stärkung von Frauen und Mädchen viel zu langsam sind. Diese Feststellung schockt, weil die Nachhaltigkeitsagenda ausdrücklich und nachdrücklich die Geschlechtergerechtigkeit als eigenständiges Ziel und als Querschnittsziel für alle 17 UN-Nachhaltigkeitsziele konzipiert hat. Das bedeutet konkret, dass nachhaltige Produktion und nachhaltiger Konsum ein Geschlechtergerechtigkeitsthema ist wie Klima, Umweltschutz, Stadtentwicklung und Sorgearbeit.

Frauen spielen eine entscheidende Rolle für die Umsetzung der UN-Agenda. Schließlich wurden die UN-Millenniumsziele nicht erreicht, weil die Geschlechtergerechtigkeit und Gleichstellung nicht erreicht worden ist. Mit dem Ziel 5 der UN-Agenda verdeutlicht die Völkergemeinschaft, dass wichtige und grundlegende Veränderungen aus Gendergerechtigkeitssicht angesagt sind, sodass alle 17 Ziele unter Gleichstellungsgesichtspunkten umgesetzt und die gleichberechtigte politische und ökonomische Partizipation ggf. über Paritäts- bzw. Quotenregelungen durchgesetzt werden müssen. Geschlechtergerechtigkeit ist Teil der Probleme und Teil der Lösung. Die Agenda 2030 will niemanden zurücklassen und diejenigen erreichen, die am weitesten zurückliegen. Die Verringerung der Ungleichheit ist ein wegweisendes Ziel. Die Geschlechtergerechtigkeit und das Gender Empowerment sind ein eigenes Ziel (Ziel 5), sind aber gleichzeitig querschnittsorientierte Maßstäbe für alle 17 Ziele. Die UN-Agenda 2030 für nachhaltige Entwicklung will eine Transformation der Welt und verbindet soziale und ökologische, wirtschaftliche und kulturelle Nachhaltigkeit. Globale Herausforderungen lassen sich nur gemeinsam bewältigen, damit sich die Lebensbedingungen weltweit verbessern, Armut bekämpft und der Schutz des Planeten Erde erreicht werden kann.

Von zentraler Bedeutung ist Ziel 10: Ungleichheit in und zwischen Ländern verringern. 42 Reichen gehört heute die Hälfte des Weltvermögens. Die wirtschaftlichen und sozialen Teilhabemöglichkeiten, insbesondere der Bevölkerungsgruppen muss verbessert werden, auf die nur geringe Vermögen und Einkommen entfallen. Das gilt auch für Deutschland.

Die UN-Agenda 2030 für nachhaltige Entwicklung will eine Transformation der Welt und verbindet soziale und ökologische, wirtschaftliche und kulturelle Nachhaltigkeit. Globale Herausforderungen lassen sich nur gemeinsam bewältigen, damit sich die Lebensbedingungen weltweit verbessern, Armut bekämpft und der Schutz des Planeten Erde erreicht werden kann. Die UN-Nachhaltigkeitsagenda 2030 orientiert auf einen umfassenden Nachhaltigkeitsbegriff, um den Planeten Erde und die Menschheit zu retten. Geschlechtergerechtigkeit und die Stärkung der Frauen gelten für alle 17 Ziele. Über diese Querschnittsfunktion sollen Genderaspekte bei Klima und Umwelt, Energie oder Wasser – wie in der Aktionsplattform von Peking gefordert – eingelöst und umgesetzt werden. Frauen und Mädchen sind unverhältnismäßig von Klima- und Naturkatastrophen bedroht, machen fast 60 % der Opfer aus, sind verwundbarer und schutzloser als Männer. 1991 traf ein Zyklon Bangladesch 71 % der 140 000 Opfer waren Frauen. 2004 waren 70 % der Tsunami-Toten in Sri Lanka und Indonesien Frauen. 2008 waren 61 der Zyklon-Toten in Myanmar Frauen und beim Erdbeben in Nepal 2015 starben mit 55 % mehr Frauen als Männer. Der Ausschuss der Frauenrechtskonvention CEDAW unterstrich in seiner Allgemeinen Empfehlung Nr. 32 an die UN-Staaten die bedrohliche Lage der Frauen in Katastrophen und forderte Schutzmaßnahmen.

Deswegen bemüht sich UN Women um die Stärkung der Frauen. Das gilt auch für ländliche Gebiete und Landwirtschaft. Der Klimawandel trifft nicht alle gleich. Ärmere Frauen sind höheren Risiken ausgesetzt, wenn sie ihre produktive Tätigkeit aufrechthalten wollen. Aber allen ist klar, dass Gender, Klima- und Umweltschutz bestimmende Zukunftsthemen bleiben. Deswegen gibt es ein so breites Engagement, um zukunftsgerecht agieren zu können. Die Weltfrauenkonferenzen von Nairobi und Peking haben Umwelt- und Klimaschutz und Genderaspekte im Blick. Seit der UN-Rio-Konferenz 1992 prägt die Welt das Engagement der Zivilgesellschaft und der Wissenschaft für das Überleben des Planeten. Frauen waren von Anfang an dabei, weil sie wussten, dass z. B. das Abholzen der Wälder allen Menschen Wasser zum Überleben nimmt. Die kenianische Friedensnobelpreisträgerin Wangari Maathai war eine der Protagonistinnen der internationalen Umweltbewegung und betonte die wichtige Rolle der Frauen als Opfer und Täterinnen von Umweltzerstörung. Sie pflanzte mit vielen Millionen in dem Green Belt Movement Bäume gegen die negativen Auswirkungen des Klimawandels und engagierte sich sowohl für Umweltschutz wie für soziale Gerechtigkeit und das friedliche gleichberechtigte Zusammenleben.

Der Klimawandel wirkt sich weltweit stärker auf Bevölkerungsteile aus, die am meisten auf natürliche Ressourcen angewiesen sind und die am wenigsten auf Naturgefahren reagieren können. Dies trifft besonders auf Frauen zu. Vor allem in Schwellen- und Entwicklungsländern sind sie verwundbarer in ihrer wirtschaftlichen Lage, weniger mobil, haben schlechteren Zugang zur Gesundheitsversorgung und können aufgrund ihrer Aufgaben für Familie und Gemeinschaft weniger Zeit in Schulbildung investieren.

Der Klimawandel hat dort die stärksten Auswirkungen, wo Menschen auf natürliche Ressourcen angewiesen sind. Frauen sind benachteiligt, weil sie für die Nahrungsmittelversorgung der Bevölkerung in besonderem Maße verantwortlich sind. Sie machen fast 90 % der afrikanischen Bevölkerung aus, die in der Landwirtschaft arbeiten. Die Klimaentwicklungen beeinflussen ihre Ernten negativ. Daher muss es neue Initiativen geben, um Gender und Klimawandel zu versöhnen. Die Internationale Klimaschutzinitiative (IKI) weist Genderaspekte in ihrer Arbeit auf. Bereits 2008 hatte das IKI-Projekt «Gendergerechtigkeit in der Klimadebatte» mit einer Konferenz auf der UN-Klimakonferenz in Poznań dazu beigetragen, das Thema in den internationalen Klimaverhandlungen zu etablieren. Geschlechtergerechtigkeit ist wichtig zur Anpassung an den Klimawandel und zur Aufstellung nationaler Klimaschutzstrategien. Schließlich ist niemand sicher, wenn nicht alle sicher sind.

Hervorgehoben wird die notwendige Aufwertung von Frauen als Akteur:innen. Zu wenige Frauen bestimmen bisher mit, wenn es um Umweltschutz, Klimawandel, Energieversorgung und Logistik geht. Wangari Maathai: «Wenn es der internationalen Gemeinschaft ernst ist mit dem Klimawandel, dann muss sie anerkennen, dass Frauen ein wesentlicher Teil der Lösung für Klimaschutz sind.» Frauen sind in Gremien und Entscheidungsprozessen im Klima- und Biodiversitätsschutz unterrepräsentiert. Eine ungleiche Beteiligung von Frauen an Entscheidungen hindert sie daran, zur klimarelevanten Planung, Politikgestaltung und Umsetzung beizutragen. So können sich bestehende Ungleichheiten vergrößern und die Wirksamkeit von Politiken und Projekten verringern. Frauen gewinnen aber deutlich an Einfluss und in wichtigen Gremien sind mehr Frauen zu finden. So ist die Chefin von UNEP, der UN-Umweltorganisation, die Dänin Inger Andersen.

Der besonderen Stellung von Frauen im Klima- und Biodiversitätsschutz wurde auf der UN-Klimakonferenz 2017 in Bonn mit der Verabschiedung des «Gender Action Plans» (GAP) Rechnung getragen. Ziel war es, Frauen auf allen Ebenen stärker an Entscheidungsprozessen im Klima- und Biodiversitätsschutz zu beteiligen und Genderaspekte bei der Planung und Umsetzung von Maßnahmen stärker zu berücksichtigen. Ihre Erfahrungen, Kompetenzen und Perspektiven werden gebraucht, damit Klimapolitik wirksamer, gerechter und nachhaltiger wird. Beispiele aus Entwicklungs- und Schwellenländern zeigen, dass inzwischen eine bessere Beteiligung von Frauen und die Berücksichtigung von Genderaspekten in Sektorstrategien und Institutionen, aber auch Diskussions- und Koordinierungsplattformen erreicht worden ist.

Auf der UN-Klimakonferenz COP 25 in Madrid haben die Länder Schritte unternommen, um einen geschlechtsspezifischeren Ansatz für Klimaschutzmaßnahmen zu beschleunigen. Das umfassende Lima-Arbeitsprogramm zu Gender (LWPG) und der Gender Action Plan (GAP) wurden verabschiedet. Das positive Ergebnis zum GAP wurde durch die wachsende Sichtbarkeit des Themas Gender auf der Konferenz ergänzt. Zahlreiche Veranstaltungen und ein «Tag der Geschlechter» mit einem Programm, das technische Workshops zur Integration von Gender in nationale Anpassungspläne (NAPs) und Technologiebedarfsanalysen (TNAs) umfasste, machte die Notwendigkeit geschlechtsspezifischer Klimapolitik und Maßnahmen deutlich. Länder berücksichtigen beispielsweise das Geschlecht, um klimaresistente Energiesysteme aufzubauen und die Widerstandsfähigkeit der Küsten zu verbessern.

Ein wichtiges Ergebnis der UN-Weltklimakonferenz, Conference of the Parties, COP25, war die einstimmige Annahme des fünfjährigen Erweiterten Genderaktionsplans (Gender Action Plan [GAP]) unter der Klimarahmenkonvention durch die Vertragsstaaten. Diese bestätigten den 2017 beschlossenen GAP und stärkten den GAP mit zwei neuen strategischen Handlungssträngen: der gezielte Aufbau von Kapazitäten für gendersensitive Klimaschutzmaßnahmen auf allen Ebenen und die Verstärkung und Umsetzung. Der erweiterte GAP legt Ziele und Maßnahmen in fünf Prioritätsbereichen innerhalb der UNFCCC-Prozesse fest, die «darauf abzielen[d], die Kenntnis und das Verständnis genderresponsiver Klimaschutzmaßnahmen und ihres kohärenten Mainstreamings bei der Umsetzung der UNFCCC und der Arbeit der Vertragsstaaten, des Sekretariats, der Einrichtungen der Vereinten Nationen und aller Beteiligten auf allen Ebenen sowie die volle, gleichberechtigte und maßgebliche Beteiligung von Frauen am UNFCCC-Prozess zu fördern». Zu den Zielen und Maßnahmen in den fünf Prioritätsbereichen legt der erweiterte GAP jeweils zwei bis sieben Aufgabenstränge («Aktivitäten») fest, für die zugleich klare Vorgaben getroffen werden in Bezug auf a) die Verantwortlichen: jeweils leitende Hauptverantwortliche und verantwortlich Beizutragende (z.B. Vertragsstaaten, UNFCCC-Sekretariat, «Chairs of constituted bodies», «relevant organizations», nationale Gender- und Klimawandelleitstellen, «relevante nationale Finanz- und Budgetingeinrichtungen» etc.), b) Jeweilige Fristen (z.B. bis zur COP28 in 2022 oder zu festem Datum innerhalb der nächsten 5 Jahre), c) jeweils zu liefernde Ergebnisse («Deliverables/Outputs») (Richtlinien, Umsetzung von Kapazitätsbildung etc.), d) Ebene(n) der jeweiligen Umsetzung (z.B. auf internationaler, regionaler und/ oder nationaler Ebene). Allerdings fehlen klar definierte Indikatoren für die Messung der Fortschritte.

Die NRO Life e.V. kritisiert, der GAP erkennt zwar die intersektionalen Identitäten von Frauen, einschließlich indigener Frauen und Frauen mit Behinderungen an, zeige jedoch ein zu geringes Verstehen und Adressieren der multidimensionalen und nicht-binären gesellschaftlichen Verschränkungen von Machtachsen, aus denen Folgen resultieren, wie Menschen Klimafolgen mindern bzw. Widerstandsfähigkeit aufbauen. Den Ausgang der COP25 kritisieren sie auch in Hinsicht auf Gender: «Ohne Fortschritte der Vertragsstaaten bei der vollständigen Umsetzung des Pariser Abkommens, einschließlich der Begrenzung der Erwärmung auf 1,5°C, [können] keine echten Maßnahmen zur Gleichstellung der Geschlechter erreicht werden».

Lange hat es gedauert, bis im internationalen Umweltrecht und der internationalen Umweltpolitik die Geschlechtergerechtigkeit, die Menschenrechte und die Stärkung der Frauen anerkannt wurden. Die Versammlung des UN-Umweltschutzprogramms UNEP legte sich offensiv auf Geschlechtergerechtigkeit fest: «Die Gleichstellung der Geschlechter und die Stärkung der Rolle der Frauen sind Querschnittsprioritäten in allen Aspekten der Arbeit von UNEP. Das liegt daran, dass Überlegungen zu Geschlecht und Umwelt entscheidend für unsere Fähigkeit sind, eine gerechte und nachhaltige Zukunft zu erreichen. Männer und Frauen müssen Hand in Hand arbeiten, um den ökologischen Herausforderungen unserer Zeit zu begegnen.» Inzwischen haben alle UN-Staaten, die den drei Rio-Konventionen, der UN-Konvention zu Biodiversität, zur Bekämpfung von Wüstenbildung und der Ramsar-Konvention zu Feuchtgebieten beigetreten sind, den Grundsatz der Geschlechtergerechtigkeit , der Menschenrechte und der Stärkung der Frauen für die umweltorientierte Entscheidungsfindung anerkannt.

Die besondere überproportionale Betroffenheit von Frauen in Umwelt- und Klimafragen beispielsweise wegen der Abholzung, wegen Verlust an Biodiversität, Umweltverschmutzung, Wüstenbildung und Naturkatastrophen wird herausgestellt, die wegen der Geschlechterungleichheit besteht. Frauen werden als Agentinnen des Wandels gesehen, die innovative Lösungen, aber auch nachhaltige Produktion und nachhaltigen Konsum bewirken können. Geschlechtergerechtigkeit wird als Motor für Wandel gesehen, sodass mehr Menschen umweltpolitisch klug handeln. Deswegen müssen mehr Frauen bei der nachhaltigen Umweltpolitik und ihrer Planung mitentscheiden. Die Resolution verbindet die Umsetzung der UN-Agenda 2030 mit den Beschlüssen und Programmen der UNEP, die in der Geschlechtergerechtigkeit einen Hebel zur Zielerreichung für die UN-Agenda 2030 sieht.

Klimawandel und Katastrophen belasten Frauen in besonderem Maße, da sie insbesondere in Entwicklungsländern für die Versorgung der Familien verantwortlich sind. Frauen müssen in Naturkatastrophen oder Extremwetterlagen mehr leisten, weil gefahrenbedingte Tätigkeiten auf sie zukommen und die Sorgearbeit steigt. Dabei ist der ökologische Fußabdruck der Frauen geringer als der der Männer. Hinzu kommt, dass Gewalt gegen Frauen in Katastrophen zunimmt. Die Tsunami-Katastrophe wie die Ebola-Epidemie beispielsweise haben dies unter Beweis gestellt. 20 Jahre nach der Verabschiedung der UN-Resolution 1325 gibt es nur 17 UN-Staaten, die Klimawandel als Sicherheitsfrage für Frauen identifizieren. Dabei sind Frauen besonders verwundbar. Es ist an der Zeit, in den Geltungsbereich von Frieden und Sicherheit Klimawandel als Risiko für die menschliche Sicherheit vor allem unter Genderaspekten aufzunehmen und die nationalen Aktionspläne der UN-Staaten zu verpflichten, Maßnahmen gegen Klimawandel und Naturkatastrophen durchzuführen. Die CEDAW-Empfehlung Nr. 35 unterstreicht die Dringlichkeit.

Nachhaltigkeit braucht Geschlechtergerechtigkeit

Die Frauendiskriminierung soll durch die UN-Agenda 2030 überwunden werden. «Den realisierten Frauenrechten für eine gleiche Zukunft steht entgegen, dass tief verwurzelte negative, traditionelle und kulturelle Praktiken und negative soziale Normen weiterhin dazu beitragen Frauen und Mädchen zu benachteiligen,» stellt die Konferenz der Afrikanischen Staaten in ihrer Bewertung der Umsetzung der Pekinger Aktionsplattform fest. Von großer

Bedeutung ist dabei die Beseitigung von Genderstereotypen, transformative Geschlechterregeln und die Abschaffung diskriminierender Gesetze. Die Afrikanischen Staaten bekennen sich ausdrücklich zur positiven Rolle von Frauen bei der Prävention und Lösung von Konflikten und fordern eine bessere Durchsetzung der UN-Sicherheitsrat-Resolution 1325. Die politische Erklärung der afrikanischen Staaten hält fest, dass die Umsetzung der Aktionsplattform in Peking durchaus erfolgreich war. Sie betont die Fortschritte in Mädchenbildung und gesetzlichen Verankerungen von Frauenrechten, den Rückgang von Müttersterblichkeit und HIV/AIDS, die verstärkten Anstrengungen zur Bekämpfung von Gewalt gegen Frauen. Nachholbedarf gibt es beim Zugang zu Entscheidungsstrukturen. Insofern besteht die politische Diskriminierung weiterhin fort. Noch größer ist die wirtschaftliche Diskriminierung von Frauen. Der Frauenanteil bei den arbeitenden Armen ist hoch wie bei der Beschäftigung im informellen Sektor. Herausgestellt wird die hohe Belastung der afrikanischen Frauen durch Sorgearbeit. Ein Unsicherheitsfaktor für die Überwindung von Frauendiskriminierung bleiben weiterhin Land- und Eigentumsrechte. Für alle afrikanischen Staaten werden Umsetzungsfortschritte gegen Diskriminierung gefordert. Diskriminierende Gesetze, Geschlechterstereotypen und soziale Normen, die aus kulturellen Gründen Menschenrechte nicht beachten, sollen abgeschafft werden. Die Afrikanischen Staaten verpflichten sich zur Ausrottung von Diskriminierung und Gewalt und wollen gleichstellungspolitische Organisationen stärken.

Auch die Liga der arabischen Staaten verpflichtete sich zur Bekämpfung der Diskriminierung der Frauen in Vorbereitung auf die Konferenz zur Umsetzung der Pekinger Aktionsplattform und sehen Fortschritte in ihrer Region in der Überwindung von der Diskriminierung von Frauen. Sie wollen weiterhin frauendiskriminierende Regelungen verringern, soziale Dienstleistungen und den Gesundheitsschutz für Frauen verbessern. Bei der Überwindung von Diskriminierung helfen sollen zivilgesellschaftliche Strukturen für die Gleichstellung der Frauen und die Stärkung der Frauenrechte. Besondere Herausforderungen stellen sich in einigen arabischen Staaten in der Umsetzung der Pekinger Aktionsplattform wegen der Bürgerkriege und Gewalt durch Konflikte. Überdies gibt es noch immer Staaten, die zu arm sind, um staatliche Strukturen zur Überwindung von Diskriminierung aufzubauen. Die Bedeutung der UN-Sicherheitsrats-Resolution 1325 wird von der Arabischen Liga betont, eine Aktualisierung der Resolution wird gefordert. Hervorgehoben wird darüber hinaus die Notwendigkeit, Geschlechterstereotypen und die Diskriminierung durch Recht und Praktiken zu überwinden.

Die Erklärung der UN-Staaten aus der Region Asien-Pazifik unterstreicht, die Synergieeffekte zwischen der Umsetzung der Pekinger Aktionsplattform und der UN-Nachhaltigkeitsagenda. Die Schlussfolgerungen aus ihrer Bewertung zu Peking+25 setzen vor allem auf die Überwindung von Frauendiskriminierung durch eine gleiche inklusive Entwicklung, durch einen geteilten Wohlstand und menschenwürdige Arbeit. Gefordert wird die Integration der Frauenerwerbsarbeit in den formellen Sektor, geschützt werden soll aber auch die Arbeit im informellen Sektor. Hoffnungsträger in Bezug auf Arbeitsbedingungen und gleiche Entlohnung sind Ziele wie auch der bessere Zugang der Frauen zu Technologie-Berufen. Die Bekämpfung von Frauendiskriminierung durch den hohen Armutsanteil der Frauen wird als Herausforderung gesehen wie das Recht der Frauen auf Sozialschutz und Dienstleistungen der Daseinsvorsorge. Dazu sollen insbesondere Fortschritte in der Gesundheitsfürsorge und für die sexuelle und reproduktive Gesundheit beitragen. Herausgestellt wird die Frauenrolle bei der Planung von Stadtentwicklung, Infrastruktur und Mobilität. Die Resilienz der Frauen, insbesondere in entlegenen Gebieten, soll bei Umweltschutz und Klimawandel gestärkt werden.

Gewalt gegen Frauen schadet der gesellschaftlichen Entwicklung und Gleichstellung. Die Ursachen von Gewalt, die historisch und kulturell in den ungleichen Machtverhältnissen zwischen Männern und Frauen gesehen werden, sind weiterhin mit dem verbreiteten MachismO nicht überwunden. Die Staaten betonen die Bedeutung der Frauenrechtskonvention und fordern verbesserte Gleichstellungsinstitutionen in allen Staaten. Auf ihrer Regionalkonferenz zur Umsetzung der Aktionsplattform von Peking im Januar 2020 sprachen sich die 33 Lateinamerikanischen und Karibischen Staaten für eine verbesserte Umsetzung der Aktionsplattform von Peking auch im Zusammenhang mit der UN-Agenda 2030 aus. Sie forderten ein Ende der Gewalt gegen Frauen und beklagen die vielen Frauenmorde. Betont wird die Notwendigkeit von einem universellen Zugang zu Dienstleistungen, vor allem in Bezug zur reproduktiven und sexuellen Gesundheit. Herausgestellt wird die Diskriminierung der Frau in Wirtschaft und Beschäftigung. Lohnungleichheit ist eine Diskriminierungsform, aber auch das herrschende Wirtschaftsmodell. Gefordert werden gendersensitive, antizyklische Politiken gegen Auswirkungen von Krisen und Rezessionen.

Die Santiago-Verpflichtung erkennt an, dass die Pekinger Aktionsplattform zu Fortschritten in vier Bereichen beigetragen hat. Es geht um die Bekämpfung der Diskriminierung in der Politik. Die geringe Repräsentanz von Frauen in Politik und Gesellschaft wird angeprangert. Es gibt nur Staats- und Regierungschefinnen in Karibischen Staaten. Allerdings sind in der Region Lateinamerika und Karibik 28,5% der Ministerposten in den Händen von Frauen. Parität für alle Ämter und Mandate wird 2020 gefordert. Offen steht ein verbesserter Genderansatz für die Schaffung einer Wohlstandsarchitektur. Bezahlte und unbezahlte Arbeit sollen Teil der Sozialsysteme werden. Die hohe Geschlechterungleichheit bleibt nach wie vor eine Schwäche in allen Staaten. Die Diskriminierung in der Erwerbsarbeit soll durch ein verbessertes Arbeits- und Steuerrecht überwunden werden. Ein Ende für des ruinösen Wettlaufs um Billiglöhne und Steuerparadiese ist Ziel. Auch die Frauendiskriminierung bei den digitalisierten Finanztechnologien sowie im Handel und Unternehmertum werden als Herausforderungen gesehen.

Fortschritte 2020

Die jährliche Überprüfung von Fortschritten der Staaten bei der Umsetzung der UN-Agenda 2030 zeigt ein gemischtes Bild. Viele UN-Staaten berichten freiwillig über Umsetzungsfortschritte. Auf der globalen Ebene überprüft das Hochrangige Politische Forum für nachhaltige Entwicklung (High-Level Political Forum, HLPF) jährlich die SDG-Fortschritte auf der Grundlage von Staatenberichten, die diese freiwillig vorlegen, und hat zudem einen den jährlichen Fortschrittsbericht des UN-Generalsekretär. Alle bisherigen Überprüfungen durch das UN-HLPL-Gremium zeigen, dass die Fortschritte zu gering und zu langsam sind.

Die Umsetzung von Geschlechtergerechtigkeit und Gender Empowerment stößt auf Schwierigkeiten. Nach Untersuchungen von UN Women ergibt sich folgendes Bild: immer noch leben mehr Frauen als Männer in absoluter Armut (weniger als 1,90 US$ pro Tag). Besonders hoch ist die Armutsquote von Frauen zwischen 25 und 34 Jahren. Selbst Ernährungssicherheit ist für Frauen, die vor allem in Afrika südlich der Sahara und Südasien Hauptproduzentinnen von Nahrungsmitteln sind, weniger gewährleistet als für Männer.

Gute Gesundheit und Wohlergehen (Ziel 3 der UN-Agenda) sind beeinträchtigt, weil Frauen häufig der Zugang zu Gesundheitsfürsorge und -vorsorge bei Schwangerschaft und Geburt fehlt. 2017 starben fast 300 000 Frauen an den Folgen von Schwangerschaft und Geburt. In den ärmsten Entwicklungsländern hatten nur 61% der Frauen Zugang zu Geburtshilfe. Insgesamt sank aber die Mütter- und Säuglingssterblichkeit. Nur 57% der in Ehe und Familie lebenden Frauen haben eigene Entscheidungsmacht über sexuelle Beziehungen und Schwangerschaftsverhütung.

Gute Bildung für alle (Ziel 4) weltweit zeigt, dass noch nie so viele Mädchen zur Schule gegangen sind. Aber immer noch haben 15 Millionen Mädchen keinerlei Chance, eine Grundschule zu besuchen (Jungen: 10 Millionen). Nach wie vor sind 2/3 aller Analphabeten Frauen.

Zugang zu Trinkwasser, Abwasser (Ziel 6) und Energie (Ziel8) bleiben Frauensache bei den Haushalten, die keinen direkten Wasser- und Energiezugang haben. Drei Milliarden Menschen fehlt der Zugang zu sauberen Technologien. Frauen und Mädchen in Afrika südlich der Sahara sind immer noch 18 Stunden wöchentlich unterwegs, um Feuerholz zu sammeln.

In Wirtschaft und Arbeitswelt (Ziele 8, 12) sind Frauen diskriminiert. Während 94 % der Männer im Alter zwischen 25 bis 54 erwerbstätig sind, sind es nur 55 % der Frauen. Nur 13,8 % der Landtitel sind in Frauenhand, obwohl Frauen überwiegend in der Landwirtschaft tätig sind. Auch Frauen in den Städten (Ziel 12) sind unterprivilegiert, weil Frauen 70 % der Slumbewohner sind.

Diese Blitzaufnahmen zu Genderfortschritten sind nicht ermutigend. Sie belegen für alle Staaten der Welt, dass viel getan werden muss, um Geschlechter- und Frauendiskriminierung zu unterbinden. Das gilt selbst für die Mitgliedstaaten der Europäischen Union. Die Europäische Kommission bekennt in ihrem Agenda-2030-Bericht, dass sie keine Fortschritte bei der Umsetzung von Ziel 5 gemacht hat. Ein Kritikpunkt war und bleibt die fehlende geschlechtergerechte Datenlage. Alle Weltfrauenkonferenzen seit 1975 mahnen differenzierte Genderdatenerhebungen und -evaluierungen an.

Aktionsdekade UN-Agenda 2030

Zu Recht haben die UN 2020 zu einer Aktionsdekade aufgerufen, weil es zu wenige Fortschritte bei der Umsetzung der Agenda 2030 seit 2015 gibt. Die Covid-19-Pandemie verschärft den Handlungsdruck, weil wichtige Ziele nicht nur nicht erfüllt werden können, sondern insbesondere Armut und Hunger, Gesundheitsrisiken und Bildungsnotstände dramatisch zunehmen. Maßnahmen der Regierungen müssen dazu beitragen, Systemrisiken zu verringern und sowohl die ökonomische, ökologische wie soziale Nachhaltigkeitspolitik zu vertiefen und fortzusetzen. Dabei geht es vor allem um eine gerechtere Wirtschaftspolitik, die Geschlechtergleichheit, den Klimaschutz und die solidarische Zusammenarbeit auf internationaler Ebene.

Die UN-Nachhaltigkeitsagenda bekennt sich in der Erklärung «Transformation unserer Welt» zu ambitionierten Zielen: «Wir sehen eine Welt vor uns, die frei von Armut, Hunger, Krankheit und Not ist und in der alles Leben gedeihen kann. Eine Welt, die frei von Furcht und Gewalt ist. (...) Eine Welt, in der die menschlichen Lebensräume sicher, widerstandsfähig und nachhaltig sind und in der alle Menschen Zugang zu bezahlbarer, verlässlicher und nachhaltiger Energie haben.»

Diese neue Welt muss in den nächsten 10 Jahren erreicht und eine bessere Welt werden. Die Bilanz nach 15 Jahren stimmt nicht optimistisch. Klimawandel, zunehmende Ungleichheit, Covid-19-Pandemie gefährden den globalen Zusammenhalt genauso wie das Leben auf der Erde. Während die Zivilgesellschaft und viele Menschen in Richtung Nachhaltigkeit Forderungen aufstellen und Verhalten ändern, kommen die Regierungen zu langsam voran. Wenn Regierungen nicht umsteuern, werden die Ziele der Nachhaltigkeitsagenda verfehlt werden. Auch der Deutschen Bundesregierung werden von 137 Nichtregierungsorganisationen «abgrundtiefe Lücken» in der Umsetzung bescheinigt. Dabei sind zwei Drittel der Bevölkerung der Meinung, dass soziale Gerechtigkeit, Bildung und Umwelt die entscheidenden Themen für die Zukunft der Gesellschaft sind.

Dazu gehören die Revision des neoliberalen Wirtschaftsmodells wie des europäischen Exportmodells, um Klima, sozialen Zusammenhalt und die Natur zu retten. Aber auch nationale Egoismen und Abschottungen gefährden die Nachhaltigkeitsziele. Dabei werden die aktuellen Herausforderungen nur bewältigt werden können, wenn die internationale Zusammenarbeit verstärkt und multilaterale Institutionen wirksamer werden. Schließlich setzen die Nachhaltigkeitsziele im Gegensatz zur autoritären Männermacht von heute ein gemeinsames Handeln der Weltgemeinschaft als Grundlage für das gemeinsame Überleben voraus.

Lesetipps

Beard, Mary: *Frauen & Macht: Ein Manifest*, S.Fischer Verlag, Frankfurt a. M. 2018.

Commission on the Status of Women: *Report of the Secretary-General, Mr. António Guterres, Review and appraisal of the implementation of the Beijing Declaration and Platform for Action and the outcomes of the twenty-third special session of the General Assembly*, UN Doc E/CN.6/2020/3, 13. December 2019.

Committee on the Elimination of All Forms of Discrimination against Women: *General recommendation No.35 on gender-based violence against women, updating general recommendation No.19*, CEDAW/C/GC/35, 26. July 2017.

Criado-Perez, Caroline: *Unsichtbare Frauen – Wie eine von Daten beherrschte Welt die Hälfte der Bevölkerung ignoriert*, btb-Verlag, München 2020.

Klein, Uta: *Geschlechterverhältnisse und Gleichstellungspolitik in der Europäischen Union. Akteure – Themen – Ergebnisse*, 2. Auflage, VS-Verlag für Sozialwissenschaften, Heidelberg 2013.

Lembke, Ulrike: *Menschenrechte und Geschlecht*, Nomos-Verlag, Baden-Baden 2014.

Randzio-Plath, Christa: *Skandal Ungleichheit – Frauen in Entwicklungsländern*, vorwärts buch, Berlin 2014.

Schöpp-Schilling, Hanna Beate / Rudolf, Beate / Gothe, Antje (Hrsg.): *Mit Recht zur Gleichheit – Die Bedeutung des CEDAW-Ausschusses für die Verwirk-*

lichung von Menschenrechten von Frauen weltweit, Nomos Verlag, Baden-Baden 2014.
Übereinkommen des Europarats zur Verhütung und Bekämpfung von Gewalt gegen Frauen und häuslicher Gewalt, 11. Mai 2011, Istanbul, Bundesgesetzblatt Jahrgang 2017 Teil II Nr. 19, ausgegeben am 26.07.2017, Seite 1026.
United Nations Entity for Gender Equality and the Empowerment of Women (UN Women): *Turning Promises into Action: Gender Equality in the 2030 Agenda for Sustainable Development*, United States 2018.

Checkpoint: Demokratie e.V (Hg.)
Wenn ich mir was wünschen dürfte – Impulse für eine Demokratie der Moderne
244 S. | Pb.| 14,90 €
ISBN 978-3-7410-0262-5

Wie wollen wir leben? Erstmals seit dem Ende des Zweiten Weltkrieges sind rechtsextreme Parteien in der Mitte der europäischen Gesellschaft angekommen. In Österreich attackiert die Regierungspartei FPÖ den öffentlich-rechtlichen Rundfunk, im deutschen Bundestag bringt die AfD Anträge gegen Migrantinnen und Migranten ein – die Liste rechter Angriffe auf die Zivilgesellschaft ist lang. Eine Vielzahl prominenter Persönlichkeiten beschreibt wie es ihrer Meinung nach gelingen kann, die offene Demokratie zu schützen und zu vertiefen, sie auszubauen und solidarischer zu gestalten. Demokratie ist das, was wir daraus machen – fangen wir an.

Beiträge von Gert Heidenreich, Frank Stauss, Christoph Bornschein, Mirna Funk, Gerald Häfner, Claus Leggewie, Ingo Pohlmann, Antonia Rados, André Wilkens, Renan Demirkan, Erkan Arikan, Birgitt Schippers, Ralf Liebe, Götz Werner u.v.a.